现代信息技术
与课程整合研究

龚 陈 ◎ 著

吉林出版集团股份有限公司
全国百佳图书出版单位

图书在版编目（CIP）数据

现代信息技术与课程整合研究 / 龚陈著. -- 长春 ：
吉林出版集团股份有限公司，2022.9

ISBN 978-7-5731-2352-7

Ⅰ．①现… Ⅱ．①龚… Ⅲ．①信息技术－应用－课程
－教学研究 Ⅳ．①G423-39

中国版本图书馆CIP数据核字(2022)第182790号

XIANDAI XINXI JISHU YU KECHENG ZHENGHE YANJIU

现代信息技术与课程整合研究

著　者	龚　陈
责任编辑	田　璐
装帧设计	朱秋丽
出　版	吉林出版集团股份有限公司
发　行	吉林出版集团青少年书刊发行有限公司
地　址	吉林省长春市福祉大路 5788 号
电　话	0431-81629808
印　刷	北京银祥印刷有限公司
版　次	2022 年 9 月第 1 版
印　次	2022 年 9 月第 1 次印刷
开　本	787 mm×1092 mm　1/16
印　张	10.5
字　数	217千字
书　号	ISBN 978-7-5731-2352-7
定　价	65.00元

前　言

现代信息技术的发展对当今社会的方方面面都产生了深远的影响，同时也给教育带来了严峻的挑战。现代信息技术对传统的课程理念、内容、资源进行着深刻的变革。学校将现代信息技术与课程整合，为素质教育、创新教育教学提供了条件和保障。学生通过检索、收集、分析、处理和创造信息这个过程，不仅改进了学习方法，吸收和更新知识，还提高了学习能力和分析处理问题的能力，促进了自身探索精神和批判性、创造性思维的养成，培养了自身信息素养，以适应社会对创新人才的要求。另外，信息化课程有助于课堂教学环境与现实社会联系，突破时空制约，利用信息技术使学校与社会连为一体，使学生获得接近现实社会的体验。

所谓信息技术与课程的整合，就是将信息技术作为教学工具和认知工具有机地结合到教学中去，就像其他的教学工具一样，提高教学效率，这不仅能让学生学到解决问题的方法、对待事物的态度，同时还能发展学生更高级的思维能力，能够从更高的层次看待学习任务和问题，最终使学生具备终身学习的能力。实现信息技术与课程的有机整合涉及教师、教学设施、信息资源等多方面因素，而在将信息技术整合到课程的整个过程当中，教师处于主体地位，这对处在整合过程中的教师提出了更高的要求。教师只有提高自身的信息素养，才能充分运用各种信息技术，获取和加工处理信息资源。增强信息传递和创造的能力，才能将信息技术与课程有机整合起来。

本书以现代信息技术与课程的整合为核心，首先介绍了教育信息化、现代信息技术，然后详细分析了高校课程建设的基本理论、高校课程建设模式、高校课程建设改革，最后重点探讨了现代信息技术与课程整合及其模式，以及现代信息技术与课程整合发展等内容。

本书在撰写过程中参考和引用了一些学者的研究成果，在此表示衷心的感谢。由于时间的仓促和学力不逮，书中难免存在一些问题和不足，恳请有关专家、同行和读者批评指正。

目　录

第一章　教育信息化

第一节　新时代教育信息化发展

随着网络、大数据和人工智能的发展，社会已经发生了深层次变革，教育信息化就是以信息技术为支撑，引导和变革我国现有的教育模式，提高教育质量。2019 年初，中共中央和中国国务院印发的《中国教育现代化 2035》明确提出要加快信息化时代教育变革，具体包括建设智能化校园，统筹建设一体化智能化教学、管理与服务平台；利用现代技术加快推动人才培养模式改革，实现规模化教育与个性化培养的有机结合；创新教育服务业态，建立数字教育资源共建共享机制，完善利益分配机制、知识产权保护制度和新型教育服务监管制度；推进教育治理方式变革，加快形成现代化的教育管理与监测体系，推进管理精准化和决策科学化。这充分说明了教育信息化是实现我国教育现代化的重要推手。

教育信息化是我国实现教育现代化的基础和条件，受到了国家各个层面的重视。本节梳理了各个阶段我国教育信息化发展的背景，并总结了梁漱溟先生的教育思想，根据梁先生的观点，从教育的功能、构成和目标等方面论述了未来我国教育信息化发展的特点，为国家教育信息化的发展提供理论支持。

一、新时代教育信息化背景

（一）教育信息化工作受到国家重视

2010 年以来，在多个教育相关的重大文件和领导讲话中都对教育信息化提出了要求，例如《国家中长期教育改革和发展规划纲要（2010—2020 年）》《国家教育事业发展"十三五"规划》《教育信息化十年发展规划（2011—2020 年）》等。时任国务院副总理刘延东在 2012 年 9 月的全国教育信息化工作电视电话会议中提出了"三通两平台"的教育信息化建设思路，在 2015 年 11 月的第二次全国教育信息化工作电视电话会议上提出了"十三五"教育信息化工作的三大目标，这些都充分说明了国家层面对教育信息化工作非常重视。

（二）教育信息化基础平台渐趋成熟

2016年，教育部印发了《教育信息化"十三五"发展规划》，明确了"十三五"期间教育信息化发展的"四个提升、四个拓展"的主要任务。根据教育部发布的信息，截至2017年四季度末，全国中小学（除教学点外）中，92.1%的学校实现网络接入，配备多媒体教学设备普通教室303万间；86.7%的学校已拥有多媒体教室，其中62.2%的学校实现多媒体教学设备全覆盖；学校统一配备的教师终端、学生终端数量分别为851万台和1183万台，开通网络学习空间的学生、教师分别占全体学生和教师数量的42.2%、57.4%，这些指标表明我国的教育信息化基础平台逐渐成熟。

二、梁漱溟教育思想特点分析

梁先生站在中西文化教育比较的高度，强调教育是改造社会的根本途径。林毓生教授指出19世纪末和20世纪初的知识分子大多数都希望振兴当时没落的中国。他们认为只有彻底转变中国人的世界观和完全重建中国人的思想意识，才能提高国民素质，改变中国贫穷落后的面貌。如果没有能适应现代化的世界观和思想意识，所有的改革终究是徒劳无益的。思想和文化的改革应优先于政治、社会和经济改革。梁漱溟先生是这类知识分子的典型代表，他也正是想通过思想和文化的教育，努力提升我国国民的基本素质。

三、新时代教育信息化工作思考

在梁先生的时代，乃至今日，学校教育仍是教育的主体形式。其实有其必然性，主要是由"知识能量"的不对称导致的，实施教育的一方在知识信息量上占有相当的高度，所以会产生知识的传递活动，而这个传递过程多是以学校为载体，通过教师讲授来完成的。而在教育信息化发达的时代，实施教育和受教育的"知识位差"会显著降低，因为网络上大量的信息使得受教育方会很方便获取，单纯的知识传授不再是教育的主要途径。从广义的教育来讲，教育信息化不单是促进信息技术和教育教学的深度融合，更要创新发展方式，遵循教育规律，提升国民基本素质。具体还要做好以下三点；

（一）教育信息化工作要在激发受教育者的主动性上下功夫

《中国教育现代化2035》提出要利用现代技术加快推动人才培养模式改革，实现规模化教育与个性化培养的有机结合。梁漱溟先生认为教育的核心是对人的全面教育，包括对人的情感、性格、人生观教育，然后知识教育才会有效。然而教育信息化如何在精神层面引导受教育者主动学习是教育信息化能否发挥更大作用的关键，未来教育信息化工作者应该基于现代信息技术建设应用，分析和引导学生发挥自觉主动性，如基于大数据技术分析受教育者的喜好、基于推荐系统引导受教育者自主学习、基于人工智能建立受教育者正确的人生观等，只有将信息科技融入人的精神层面，才能显著改变我国的教育面貌，体现信息科技的力量。

（二）要基于教育信息化建设家庭教育、学校教育和社会教育的有机体系

《中国教育现代化2035》提出要建设新型教育服务监管制度。教育服务不单单是学校教育，梁先生将教育分为家庭教育、学校教育和社会教育三个部分，家庭教育是言传身教式的，对受教育者的品质养成至关重要；学校教育更注重知识的获取、交互和传递；社会教育注重的是生存技能的学习。在实际生活中，这三类教育是相辅相成的，但是却没有有机地联系起来。目前的教育信息化工作主要关注的是学校教育环节，如何通过信息技术统筹建立家庭教育、学校教育和社会教育的有机联系，是推进个性化教育的关键，只有将受教育者的品质教育、知识教育和技能教育相结合才能最大限度地发挥教育的作用。如今，通过网络能够将家庭、学校和社会这三个物理环境相互隔离的空间联系起来，通过技术手段引导学生成长，个性化地分析问题、解决问题。

（三）教育信息化要跟踪人的成长，对终身教育效果进行评价

《中国教育现代化2035》提出要推进教育治理方式变革，加快形成现代化的教育管理与监测体系，推进管理精准化和决策科学化。梁先生认为教育应该贯穿人的一生，提倡终身教育。目前的教育信息工作主要侧重的是知识的传递，教育信息化研究人员建立的评价机制多是对教学效果的评价，然而教育效果却无法评价。推进教育治理方式的变革关键是要评价各种教育方式的成效，而教育又是一个长期的过程，短期内无法进行评价。基于教育信息化可以跟踪分析一个人各个阶段的情况，建立大数据多元分析模型，综合评价教育效果，为国家的教育大政方针提供决策依据，进而推进管理精准化和决策科学化。

教育信息化为我国教育事业的发展提供了强大的支撑，互联网、物联网、大数据、人工智能等信息技术的发展必然会导致未来教育的深层次变革。本节根据梁漱溟先生的教育思想，分析未来教育信息化的发展方向。教育信息化发展的本质目的是为教育提供更好的服务，未来不仅学校教育，家庭教育和社会教育也需要利用信息技术来提高质量，从精神层面提高受教育者的主动性，同时基于信息技术也可以建立终身教育评价机制，引导国家教育政策的制定，提高我国国民素质。

第二节　教育信息化与高校教学改革

教育信息化是高校未来发展的战略目标，在教育信息化建设过程中要遵循高等教育教学规律，以培养全面发展、个性化的人为终极目标，始终坚持以学生为本和以教师为

核心的理念。通过教育信息化推进和引领高校教学改革，探索和创新因材施教、个性化教育的现代模式。

以信息技术为代表的先进生产力正推动人类社会进入信息社会，新媒介环境下信息技术在教育领域得到更多的应用，教育信息化将成为未来教育发展的新方向。《教育信息化 2.0 行动计划》已明确指出教育改革必须适应信息化时代的环境和需要，未来教育改革的总体方向是教育信息化。高等学校教育信息化推进和教学改革都应该遵循学校教育的特定规律，应该遵循特定的教育原则，以学习者为中心并以此构建全新的教育信息化系统和教育机会平等，在这个过程中教师需要提升信息技术的使用技能和树立正确的信息社会教育价值观，学校需要为教育信息化提供技术支撑和信息化教学环境。学校在线课堂设计应该成为新技术环境条件下教师的基本技能。本节主要在对教育信息化内涵和目标深度解读的基础上，探讨高校教育信息化发展的基本原则和教学改革的基本思路。

一、教育信息化的内涵与目标

教育信息化的实质是充分利用现代信息技术成果发展教育事业，适应信息化时代和数据时代对学校教育教学的新要求，实现教育根本目标。因此，教育信息化是以教育为本，信息化为手段，通过信息化建设提高学校教育教学的质量和效率，实现高效高质培养新时代中国特色社会主义建设者和接班人。教育信息化建设要尊重教育教学的规律，准确把握新时代大学生学习行为的特征和愿望，要具有战略性和前瞻性，顺应信息技术的发展和社会经济发展的需求，有计划有步骤地推进。

教育信息化的一个重要原则是构建以学习者为中心的教育信息化环境，以"发掘潜质、激发兴趣、指导学习、成就价值"为目标。在这样的教学环境中，学生成为自主学习的主体，教师成为学生学习的导师和咨询师，不管是学生还是教师都需要转换角色定位，同时还要在认知和技能上提升才能真正适应。学校要为教师构建能够实现人的智能和技术优势相结合的人机协同教育系统。可以肯定的是未来的教育信息化系统中教师和网络各得其所、优势互补，共同为学习者提供优质学习资源和服务。

教育信息化建设的最终效果要用高校培养人才目标实现程度来衡量，要用学生的感受和学习满意度、学习质量提升程度来衡量。

二、高校教育信息化发展的原则

（一）人本原则

无论怎样，高等教育信息化发展都不能偏离高等教育的目标，必须始终以学生为本，以教师发展为核心。信息技术与教育教学深度融合始终要遵循教育的本质，始终坚持以培养全面发展、个性化的人为终极目标，始终坚持以学生为本，以学习为中心任务。

教育信息化为实现学生全面发展和个性发展的教育教学目标提供了条件，教学不仅可以用传统的当面教授形式进行，也可以提供线上自主学习的各类资源，师生还可以及时便捷地开展线上线下的互动交流，实现因材施教、以生为本的教育目标。这样的教育生态有别于传统的教育教学环境，对教师提出了新的要求，教师不仅要是本专业领域的行家里手，而且还要有能力利用教育信息化资源表达教学内容和管理教学过程，同时，对学生的教育和交流手段也要不断适应与提高。对于大学生而言，在教育信息化生态环境下自主学习可能会成为主流模式，每个人在满足专业培养目标要求的前提下可以根据自己的意愿和能力选择适合自己的学习方案，实现个性发展的目标。

要真正实现教育信息化，教师是核心。高校要鼓励教师面对新科技快速发展的挑战树立科学理性的态度，培养其对新科技敏锐的目光和跟踪先进信息技术与教育教学融合的能力，提高教师信息化素养和综合素质；要鼓励教师创新教学方式和教学组织工作，提高教学资源整合能力和教学质量。

（二）系统性原则

新型信息技术，特别是互联网技术自20世纪90年代以来的广泛技术转移推动了信息传播媒介的创新，媒介的"容器"和信息传播机制都已经发生了重大甚至颠覆性的变化。所谓媒介的"容器"是指携带信息所使用的介质，信息传播机制是包括与信息传播相关的技术、组织和文化条件等方面。传统媒介的容器主要有甲骨、竹简、帛书、纸书、相片、录音磁带、电影胶片、录像带、影音光盘等，信息传播技术主要有通信类（驿马、电报、电话、传真等）和广播类（布告、报纸、杂志、无线电、电视等）。信息时代的媒介条件和环境与传统社会有着天壤之别，新的媒介环境塑造和影响了人类社会关系和教育模式，工业化时代的标准化模式与同质性人才培养模式已无法满足信息化时代的需要。因此，高校教育信息化建设要注重教育信息系统的系统性，要具有统筹规划和资源协调配置的战略思路，并有计划有步骤地推进教育信息化建设。

教育信息化并不是简单的技术问题，它更应该体现为人、机和环境的系统性工程。高校在推进教育信息化建设过程中要兼顾点与面，要协同推进信息化建设与教育改革发展，"实现教学与管理、技能与素养、小资源与大资源等协调发展"（《教育信息化2.0行动计划》）。要兼顾学生、教师、技术和各类硬件设施之间的匹配与协调，在教育信息化建设过程中人的问题可能是需要特别关注的，因为不管是学生还是教师在接受新事物的态度和能力方面会表现出极大的差异性，学校在建设教育信息化系统时要引领"人"与设施、环境的协调关系，以充分发挥教育信息化系统的作用。

（三）渐进性原则

传统的教学模式往往将知识的讲授和知识的内化在时空上分割开来，知识的讲授是将统一的内容进行"标准化"讲解，很难根据讲授对象的认知和能力水平进行个性化讲授，学习者对知识的吸收消化也很难得到及时的帮助。"可汗学院"创始人萨尔曼·可汗是借助新型信息技术帮助大众获取知识的先锋，简直引领了一场革命！确实，可汗学院的创建似乎颠覆了传统学习和教学模式，但要能真正利用好它的前提条件是学习者有明确的目标和强劲的驱动力，显然对于成长中的学生和普通学习者是不太可能的，需要有人引导和激励，并有源源不断适应学习者的新资源。

虽然信息技术在教育领域得到了广泛的应用，但是在高校教学中传统课堂教学仍然占据主流地位，这可能有两方面原因：一是新的信息技术向教育领域的渗透相对迟缓；二是教育中的"人"的惰性所致，概括而言，本质上是人的问题。人们接受新事物都有过程，而且接受的程度和速度差异很大，因此，高校教育信息化要注重解决"人"的问题并在逐步推进中使人与技术、与环境相协调发展。

（四）持续创新原则

随着云计算、移动互联网、大数据挖掘和人工智能等先进科学技术在教育教学领域广泛深入的应用，信息技术与教育教学正不断深度融合，为开发和创新教育教学资源、促进高等教育教学资源共享突破时空限制创造了很好的条件。

高校教育信息化要"坚持融合创新，发挥技术优势，变革传统模式，推进新技术与教育教学的深度融合，真正实现从融合应用阶段迈入创新发展阶段，不仅实现常态化应用，更要达成全方位创新"（《教育信息化2.0行动计划》）。

三、教育信息化时代教学改革思考

很多高等学校教育教学硬件设施已比较完善，如教室和学生宿舍都有网络覆盖、图书馆和实验室提供更好的虚拟资源和电子资源，但教育教学的方式和结构并没有重大改变，学生学习专业知识的方法和习惯没有发生重大改变。教育者和学习者对教育生态的变化不够敏感，对自身教与学的行为变化不够敏感，导致对教育信息化生态变化的适应性比较迟缓。大数据分析和人工智能技术可以使教育教学具有很好的针对性，提高师生适应新型教育生态的能力。当然，这个过程很难一蹴而就。未来，教师如何组织教学和如何指导学生学习、教室如何布局等问题需要不断探索和实践才能让技术和教学更好地融合，实现协同发展。

利用教育大数据推进教育信息化，更加精准和及时把握学生学习状况与需求。我们正处在信息时代，而且已经进入数据时代，互联网、物联网和云计算的广泛应用已经产生了大量的数据信息并将生产出越来越多的数据，这些数据是极其重要的宝贵财富，其中隐含了大量的知识和信息，为更好地提高教育教学质量和效率提供了条件。作为知识资源的集聚领域——高等院校迫切需要走在其他领域的前面开展挖掘数据和分析数据研究，将教育相关的大数据转换成有意义的知识和信息，服务于创新发展教育教学方面。

要改革现行教学模式，充分利用教育信息系统开展因地制宜、因材施教的教学改革和创新。比如，要充分利用各种教学资源丰富和提高教学质量和水平。要改变传统课堂教学由教师主导，学习者基本处于被动学习状态，要避免传统面对面现场教学中学习者为应对可能来自外部的负面评价而产生自我保护式的回应。又比如，利用教育信息化系统克服学习中的"遗忘"问题。学了后面的忘了前面的是非常常见的现象，通常解决遗忘的主要办法就是及时重复。当然如果简单重复老知识就会像传统面授教学中那样容易让学习者产生厌烦的情绪，会失去在线课堂生动活泼的优势，所以可以在课程设计中将已有知识框架为基础不断增加新知识，克服学习者在崭新知识领域学习费劲而低效的问题，激发学习者的学习兴趣。

第三节　教育信息化服务平台建设

随着现代化信息技术的快速发展，建设教育信息化服务平台逐渐成为各大高校的主要研究课题。高校教育信息化服务平台建设，通过科学布局、统筹规划多种基础设施和信息化资源，采用移动学习、虚拟现实、物联网、云计算等先进科学技术，构建优质的教育信息化服务平台，为广大师生的学习和生活提供便利，培养高素质的创新人才，推动教育信息化的快速发展。本节分析了教育信息化服务平台建设存在的问题，阐述了教育信息化服务平台建设策略。

针对当前高校教育信息化服务平台建设存在的一些问题，要积极采取有效策略，引进先进的信息技术，优化和完善教育信息化服务平台，使教育和信息技术全面融合，创新信息化教育模式，提高教育信息化服务水平。

一、教育信息化服务平台建设存在的问题

（一）教育信息化服务意识淡薄

当前很多高校没有充分认识到建设教育信息化服务平台的重要性，教育信息化服务意识淡薄，高校管理人员只是应用一些简单的信息技术，教育信息化资源有限，高校发展教育信息化服务平台受到很多阻碍。一些高校虽然建设了网站，但是教育信息化服务模式比较落后，难以充分发挥出教育信息化服务平台的重要作用。同时在教育信息化服

务平台建设过程中，高校没有及时、广泛地征求广大师生的意见，特别是在就业指导、培养能力、提高思想道德素质等方面，教育信息化服务平台难以满足广大师生的需求。

（二）教育信息化服务平台内容不全面

很多高校的教育信息化服务平台没有秉持为广大师生服务的理念，平台上的内容多是高校的宣传信息，对广大师生有价值的信息资源较少。在教学过程中，教师对于教育信息化服务平台的利用率较低，学生不能及时获取课程教学信息资源。对于高校设置的众多专业，如会展、酒店管理、旅游管理等多个专业，学生在进校之前，对于这些专业并不了解，不知道自己的就业和实习方向，针对这个问题，高校教育信息化服务平台没有设置相应的内容。

二、教育信息化服务平台建设策略

（一）建设智慧校园

以某信息职业技术学院为例，某信息职业技术学院是我国一所以信息技术为重点的高职院校。近年来，该学院积极应用云计算、计算机网络信息技术等先进技术，建设了完善的教育信息化服务平台，包含了社会服务、生活、管理、科研以及教学等内容，同时建立远程学习、虚拟学习、数字化图书馆、智慧课程等。该学院的教育信息化服务平台将校园局域网中的各项内容连接起来，实现了统一的信息化服务和数据共享平台。

1. 智慧学习环境的建设

该学院依托信息化服务平台，建设智慧学习环境，为广大师生提供便利的学习工具和学习资源，自动评测和记录学生的学习过程与成果。智慧学习环境教育信息化服务平台融合了虚拟环境和物理环境，为学生提供个性化的学习支持服务，同时全面支持非正式学习和校外学习。智慧学习环境的建设主要包括六个部分：教学方式、学习方式、教学社群、学习社群、学习工具和信息化资源。智慧学习环境为学生提供了工作体验式的培训，促进了学生之间的研讨性学习和协作学习。

2. 知识创新和科研协作的信息化平台建设

近年来，网络作品、多媒体作品、博客、电子书等新兴形式的作品不断涌现，该学院根据自身学校广大师生的实际需求，建设了知识创新和科研协作的信息化平台，包括高性能运算网络、数据中心、知识库等。知识创新和科研协作的信息化平台依托现代化的信息网络技术，以专业学科为核心，整合了学院的各种知识资源，构建了该学院自己的知识库，并且建立一体化的知识服务体系，全面提高了学院的知识资源共享，促进了学院不同专业的科研方法创新，建立了科研成果的信息资源共享机制，极大地提高了学院的信息化应用和建设水平。

3.决策支持和校务管理的信息化平台建设

决策支持和校务管理的信息化平台建立了教学状态监控系统体制基本数据统计，利用校园的多项信息资源，加强校园内部治理，促进了学院管理机制改革，有效地提高了校园管理质量和管理效率。同时决策支持和校务管理信息化平台有效整合了学院各个专业的数据资源，建立专业信息数据库，为学生全面了解自己的专业信息提供了便利。学院的决策支持和校务管理的信息化平台广泛征集了广大师生对教学、校园生活、课程改革等内容的意见，为学院领导的科学决策提供重要的依据，极大地提高了高校的校务管理决策水平。

4.综合信息化平台的建设

综合信息化平台为广大师生提供了很多校园服务，给广大师生的学习和生活带来极大的便利。综合信息化平台建设包含了很多内容：其一，搭建了学生和教师的发展、交流和沟通平台，促进学生之间的相互了解和全面发展；其二，建立了学生就业信息化服务平台，调整学校的专业课程，指导学生掌握就业技巧，帮助学生更好地适应社会；其三，建立校园虚拟社区，传播中国传统的优良文化和校园网络文化，提高学生的思想道德素质，使其树立正确的人生观、价值观和世界观；其四，建立学院生活服务信息化平台，为广大师生的生活提供快捷和便利的服务。

（二）创新人才培养模式

高等教育学校的宗旨是培养高素质的创新人才。当前，高校的学生多是00后，互联网已经成为大多数学生生活中的一个重要部分，因此学生的需求、经验和背景已经发生了很大的变化，为了坚持以人为本的治学理念，高校应结合学生的基础和实际需求，积极创新人才培养模式，开发适合青年一代的学习模块，改革教学的考核、内容、工具、方法等各个环节。以湖南长沙的中南大学为例，中南大学是我国重点的"211""985"高校，招收的学生综合素质都较高，学校逐渐摒弃了面对面的教学模式，积极引用信息化技术，基于计算机网络，创新了 e-University、e-Learning 等教学模式。

1.教学促进和人才培养信息化平台

学校构建了教学促进和人才培养信息化平台，为学生提供了特殊鲜明、科学合理、内容丰富、支持全方位自主学习的服务教学平台，有效整合学校的各类教学资源，对特色专业试点数字化的教学课程，在教学过程中积极推广探究式学习和混合式教学模式，鼓励广大师生充分利用网络教学平台上的教学资源，指导学生根据自己的需求进行自主学习，改革传统的教学方法和教学内容，取得了良好的教学效果。

2.远程协作学习、远程教学的信息化服务平台

依托学校自身的优势资源，与国际知名院校建立了国际公开课程，并且和国内一些大型企业建立合作管理，开设了企业 e-Learning 学习课程，为学生提供专题学习、通识

教育、科普教育等内容。移动技术、社会网络工具和网络协作空间在学校的普及，使跨校课程受到了学生的喜欢，促进了国际学生和国内学生之间的项目合作。

随着现代化科学技术的快速发展，信息技术在高等教育中发挥着越来越重要的作用。高等教育发展要依托先进的信息化技术，信息化技术的发展促进高校教育改革，高校教育信息化服务平台建设是当前社会发展的必然要求，是推动现代化高等教育的重要条件和基础，因此各高校应结合自身的实际情况，积极推动教育信息化平台建设，为国家培养更多的高素质人才。

第四节　面向智慧教育的教育"信息化"

在未来教育的个性与智慧培养诉求中，数字信息世界被寄予厚望。教育信息化2.0的推出和智慧教育的发展对智慧服务环境都有寄托。如何在已有教育信息化工作基础上更直接地走向这个目标需要多角度思考。通过信息化连通意识世界与数字世界以"智慧化"数字教育环境，或可作为科学地审视这一问题的门径之一。其要点在于从信息科学视角深化教育的信息化研究工作，要害在于教育信息的技术化过程。回顾教育信息化2.0的背景与智慧教育理论研究，有利于认清现实问题，优化并推进未来教育信息化工作；运动与变化中聚类定型可以成为对教育信息进行技术塑造的基本要点。教育信息化需要通过对教育信息的技术塑造连通教育意识与数字世界，而伺服于个性与智慧培养的智慧服务环境在应对教育活动参与者即时需求的逻辑演变中呈现高级的"神经网络"功能，它需要在教育信息的技术塑造中成长为智能化的、人性化的技术实体与服务形象。教育信息化的后续发展需要侧重教育信息的"流—态"设计，以及教育信息流通架构的思想、方法、策略和实施，以通过"智慧育人"切实推进教育信息化2.0发展，响应"立德树人"教育改革政策。

教育信息化是以信息化手段作用于教育而呈现出来的教育形态转变过程。智慧教育就是信息化教育所转变的教育形态。智慧教育是一种境界，也是一种系统状态；按其理论研究，可以理解为智慧方式与环境作用下的教育，或者是面向智慧、追求智慧的教育。其内涵重点表现为智慧教育的途径与方式及期望中的人之智慧。前者涉及如何达到智慧教育的方法论，后者指向教育的目的。大教育语境下，智慧教育的追求就是要通过提升"知能"水平，帮助受教育者形成智慧，完善人性与人生。伴随着各式信息技术形态的介入，如何在教育信息化后继推进中更有力地促进教育形态的转变与教育境界的提升，是个需要多番思考的问题。本节在回顾教育信息化历程的基础上，从大数据时代的教育信息科学应用着眼，基于整合教育发展目标、教育实践需要、学习科学理论、分布式技术架设与教育信息处理及教育数据规范等多层次知识应用，提出应当对教育信息进行"流—态"定型，并在不同层面做教育信息流整合性设计，以通过教育信息数字流通为智慧教育服务体系的形成与完善铺平道路。基于教育信息技术形塑的教育信息化发展系统性架构，在逻辑上具备通达未来教育目标的立法条件，在实践中具有处于实际问题的推进依据，可为教育信息化 2.0 发展提供参考。

一、智慧教育

（一）智慧教育的意涵

智慧教育旨在帮助受教育者全面、协调、可持续地发展其高智能、创造力，并形成智慧以共善于自己、他人与社会。在宏观上智慧教育具有适应于具体时代，能在一定程度上引领人类和社会发展的特点。教育信息化语境下的智慧教育更侧重"教育的智慧"，它指向信息化教育的内容、途径与方式。它是"通过构建智慧学习环境，运用智慧教学法，促进学习者进行智慧学习，从而提升成才期望"的教育。

智慧一定是指人，本质在于人运用知识的能力。能力是智慧的外显，相应地，创新成为新时代智慧教育的外在体现。智慧的发展可以通过物态智能辅助加以提高。人类的认知、统计分析、观察、记忆、决策等在智能化辅助下得到更好的支撑，从而使其智慧效能得以提高。教育信息化所推进的智慧教育强调创建具有一定智慧特性（如感知、推理、辅助决策）的学习环境，运用智慧教学法（smart pedagogy）和辅助学习者进行智慧学习（smart learning）。在此环境中，学习者可以对学习环境、生活环境和工作环境进行灵活的适应、塑造和选择，并在智慧服务帮助下利用各种技术参与实践活动并不断地创造制品和价值。这个过程就表现为主体的智慧学习。智慧学习的目标是形成学习智慧，提高创新能力。学习者可以借助智慧环境，按需获取学习资源，灵活自如开展学习活动，快速构建知识网络和人际网络。智慧学习孕育于智慧教育发展的土壤，将搭乘推进智慧教育的便车与智慧教育共同发展。

（二）智慧教育的核心内容

智慧在本质上是人在意识与思维过程中知识结晶的体现，是心智过程的品质表现。智慧的中文意思是"能迅速、灵活、正确地理解事物和解决问题的能力"。智慧（wisdom）在剑桥在线词典中的释义是"利用知识经验做出好的善的决策和判断的能力"。可见，智慧表现为灵活、正确、迅速，体现在对事物、问题的理解、解决、决策与判断，价值取向是好的、善的，其基础是知识（储备）。

智慧教育追求人的心智品质，实践中要凭借具有智慧品质的智能化环境，利用智慧的方法开展智慧教学与智慧学习。即将智慧的品质要求贯穿于教学和学习活动的全过程。对于学习者而言，就是通过发现、发掘，培养自己的智慧，发展并完善自我，形成属于个人的智慧脉络与智慧品质，从而更好地面对生活、贡献自我。更具体地涉及辨析判别和发明创造智慧教育与学习中的能力。而这些能力的形成有赖于智慧的环境条件、教学与学习过程。从环境与人的相互作用来看，智慧环境的作用表现在两个方面：人和物的智慧。前者是人之间的智慧作用，后者则是人与物之间的智慧作用。虽然在内涵上两种作用都有灵活的适应性，但还是有不同之处。如果环境具有智慧特性，对于追求人的智慧的成长，无疑是一种更好的条件。作为外围环境和条件，人的智慧（教师等）可通过培训、专业发展等不断提高；而环境智慧（物的方面）或可依赖于智慧计算。

作为智慧教育的重要条件，智慧学习环境将基于学与教的原理被植入人类知识的结晶并智能化地服务于人类学习。如果说，智慧教育主要涉及分别依赖于智慧计算、智慧教学法和学习科学的智慧（学习）环境、智慧教学与智慧学习，那么，在信息技术环境下，这些将集中体现在嵌于物的智能化模块，即智慧环境中的智能功能部分，其中将融入教学法与学习科学中的规律、原理等反映人类智慧的知识结晶。作为重要部分的智慧学习环境，它辅助学习的功用体现在——大量烦琐的、机械的、简单重复的学习任务由计算系统或其他智慧设备分解，学习者可以将更多的注意力、记忆、动机等投入到更为复杂的、更需智慧的学习任务中。这样，环境带来的额外负担将被化解，使学习者可以更能专心于批判性思维、创造力、协作能力、平衡能力以及问题解决能力的发展。

智慧环境的创建和智慧教育的发展，终不能离开人的智慧的参与。推进中需要进行"人的智慧的电子移植"，使环境具有这种品质——灵活、正确、迅速地启发学习者理解事物、解决问题、做出决策与判断，以帮助学习者储备知识、发展心智。这是用人造智慧促进人的智慧的发展。换句话说，就是将人脑的功能品质移植于数字环境，使其以"达智慧"的状态服务于人的学习与生活。只是，相对于依赖智力的技术主义与技术实现，智慧教育更强调（默会）知识、创造力的综合运用以及心智运算向外部实践的转换，重视伦理道德和价值观在学习、生产和生活实践中的引领作用。所以，依赖于智慧环境中的学习，只有结合价值观、生产实践、理性思考和所学的技术与方法，才能真正表现出智慧来，逐步使人在学习、工作与生活中达到智慧的境界。合理的应用价值取向和尚善的学习动机是不可缺少的。

智慧教育轮廓清晰可辨，其目的、方向、组成和重点已经明确：智慧教育是一种新范式、新的境界；实现中强调智慧环境，追求的是培养"智慧人"，落实于智慧教学和智慧学习。在技术上，智慧教育的设计与实现，有赖于大数据应用背景下的诸多技术，包括统计分析、人工智能、分布式计算等。实现智慧教育的途径、策略与方法等方面还需要不断探寻。

二、教育信息化的发展

在信息化教育发展中不断推进对新教育境界的追求，这是我国教育信息化工作一直在实践的工作。而近几年出现了较多教育信息化研究热点，包括翻转课程、"互联网+"、微课、大数据、智慧教育、云计算、数字化校园，它们代表了教育信息化发展的新阶段。

（一）教育信息化发展主线

教育信息化从 20 世纪 90 年代起步至今，已经在一系列教育信息化政策、项目的引领下走过 20 多年。从网络与硬件设备配备、资源设计与制作、信息化网络与媒体环境建设到教育资源的改型升级、教师教育技术能力培训、教育信息化领导力，教育信息化发展历程扎实稳进，不同时期的实施亦各有侧重，整体上反映出阶段性的理念变化。

在信息化教育政策方面，《教育信息化十年发展规划（2011-2020 年）》等多项政策与"农村中小学现代远程教育工程""三通两平台"等工程的实施，已经使我国教育信息化工作处在基础设施建设、资源与标准化建设、设施与资源应用等方面快速地迈出一步。随着政策的更新与项目的实施，基础教育信息化发展成效显著，高等教育的基础设施建设、数字化资源建设、远程教育建设与实施已显现规模。已有的教育信息化建设，为信息化环境下的教育与学习发展提供了有力支持。

在信息化教育实施中，"国家基础教育资源库建设项目""全国中小学教师教育技术能力建设计划"及"国培计划"等的推行，为提高国家教育信息化软实力不断倾注了持续性力量，形成充分的积淀。在硬件资源建设经历一个阶段后，2006 年前后，教育信息化开始更加关注资源建设与教师教育技术能力提升。在教育技术学专家深入总结并反思当时教育信息化发展后，技术回归教育和技术创新应用成为教育信息化发展的主调。当时教育信息化被认为已经步入以应用能力建设为核心的发展阶段，主要表现为学习方式和教学方式的创新与变革。

然而，技术的使用并不必然地带来教育变革。研究者、决策者和实践者对技术应用的积极创新，以及教育机构与系统的革新，是教育信息化推进的焦点。专家指出，在教育信息化的推进过程中出现了一些深层次、结构性的问题，包括观念陈旧制约了信息化应用的深层次发展，优质教育资源结构性匮乏，信息化人才培养效率低下，教育信息化标准体系在实践中的缺位。尤其是农村远程教育存在应用瓶颈。教育信息化发展中，要减少以演示、讲授为主的低层次信息化教学应用，转向将信息技术作为学习工具、认知工具、评价工具等"开放的、学科知识与综合能力并重的信息技术与课程深层次整合"的发展；通过教学方式和学习方式的变革促进学生创新思维与实践能力的培养，以及教育教学改革的深入发展。从信息生态的角度看，教育信息化推进要以人为本地系统规划，在技术消融的同时达到系统动态进化与互联，在学校组织结构优化与市场竞争体系不断创新中逐渐发展，即"采用系统观和生态观来指导教育信息化的实践"。也有专家从项目评估的角度指出，教育信息化的持续发展与规划中需要以评估为依据，而项目的成本效益评估不可忽视。

同时期，约在2010年信息化领导力成为教育信息化研究的焦点，形成一波小高潮。这似乎预示：深化信息技术应用要靠某种动力和能力推动以产生效应，尤其是来自校长的这种能力。如此，信息技术在教学过程与资源中的应用将具有实践的向导与动力，教育信息化发展又前进了一步。研究认为，信息化领导力是教育信息化研究中的一个重要命题；虽然国内已进行了大量的研究与实践，然而相关研究还处于发展阶段。"信息化领导力"的学术关注度约在2011年出现短暂回落，次年开始又迅速回升，呈上扬态势直到现在。这更加说明，信息化教育推进中技术应用的引领力量是重要因素之一，扮演系统动力的角色。

而在2013年前后，以微课、慕课（MOOC）、翻转课堂为代表的研究与实践，领跑了教育信息化工作的推进，形成了一个新阶段。在这个时期的研究中积累了许多在线学习经验。如，国际上利用"Web 2.0应用"进行的教育实践探索研究成果，及其中分布式认知理论、维果茨基的社会文化理论和情境认知理论将奠基当下技术在教学与学习中深度应用的要旨。新技术及其应用形态的出现，为教育信息化发展注入了新的强劲动力。从发展情势看，当前正经历着"新技术"应用浪潮的高姿态上扬阶段。在五至七年的周期中，其学术关注度是否会在近一两年从强势登场转向降温回潮，还有待继续观察，尽管批判之声已不绝于耳。现在的慕课（MOOC）、翻转课堂、微课等研究关注度还处于巅峰状态。不过就其本质存在性讲，它们对于信息技术教育应用本有着比较有力而深入的推动作用。因为它们涉及对数字教育资源新形态的创制和信息化环境下教与学过程的全新设计——这是教育信息化的两个最基本内容。尽管后期会受到制约（如现行教育体制与格局），但这一点需要明确。

如果说教育信息化是围绕教育信息化情境下的重要因素进行的面向国民进步和未来新型教育生态的创造性建设活动，那么从已有教育信息化工作看起来，已经经历了实体技术建设（基础网络、硬件设备、资源建设）、专业人力资源培养（能力培训、领导力培养）和技术与教育实践熔炼（技术整合应用）等重要时期，并逐渐形成了可贵的实践积累、经验教训和前瞻时机。2018年被定为"教育信息化2.0"元年，以融合创新为主旨。在推行中已然有了新的框架与图景，主要强调基于信息技术的教学创新、基于互联网的教育服务创新和信息化时代的教育治理创新三方面，以及大资源的开发、应用和服务、师生信息素养提升和融合与创新发展三方面的转变。这可算是又一波转折——尽管它承接了近十年的技术应用实践历程，但其共识更强烈、内涵更丰富、形态更多样、增长更有爆发性。最近的学界大会，都以高度浓缩的信息数字技术应用相关术语。将有更多的技术形态以更多方式参与到教育信息化进程中，如教育大数据利用、人工智能应用、量化自我、全新虚拟技术应用等。不同形态的技术手段之间的组合与重构或将为教学与学习带来更加别样的体验。这其中较为重要的是，比较于以前对实体技术的倚重，后期对已有技术的应用、改良和新技术的创造与使用都将以技术性智力贡献为基础要素，并以切合需要、符合价值追求为向度。也就是说，其技术特性要求更高、智慧贡献要求更突出，亦即软技术实力将是成就新阶段教育信息化结果的重要元素。技术源于关乎理念的方法，技术与方法间有表里关系。新技术形态的出现更加表明了教育技术界对应用于教育与学习的技术性新创制，以及对技术在其中的应用的新认识。

（二）教育信息化新目标

信息化教育是面向未来的智慧化教育，将基于网络环境而更加开放，更加重视学生个性化和多样性，注重引导学生主动探究和快乐学习，让所有孩子都能享受到优质教育资源；它将更加强调终身学习并具有智慧特点。开放、多样、个性的信息化教育新格局，需要更为稳固、灵活的数字化学习环境与空间做支撑，需要适切、优质的学习资源支持。而驱动并影响教育技术深度应用的技术形态与应用挑战已在近年的"地平线报告"中竞相显现。

2017版《新媒体联盟地平线报告》的具体内容预示着教育信息化推进中的教育技术应用倾向于造就一个数字化生态系统，其中涉及了环境、方式、人、资源与作为人体延展的媒介与技术。它的部署暗示着对人才培养的渴望与苛求。未来的信息化教育或将变成人类智慧与灵性"进化式"升级培育的超级系统。

从2014年到2017年的"关键趋势"对比中明显可以发现，未来的教育技术应用越来越聚焦于学习。比较而言，数字化学习模式、可拓展的学习空间设计、关乎绩效的测量与深度问题，以及学习生态文化的建立，这些关键趋势差不多是一个体系化学习系统的重点要素。在深度学习的新教学法（New Pedagogies for Deep Learning，NPDL）深度学习能力体系中，更是强调了主体学习中较为重要的要素：个性化、批判、创造、沟通与协作，除了公民权外。

当前的教育信息化研究与应用，已经不像几年前那样主要以资源、学习方式、模式设计为直接目标，而是剑指基于数字化资源与学习过程设计追逐智慧人才培养的高一层次目标。未来教育信息化推进中对学习的测量与深化，对主体数字素养、知识更新与智慧创新的诉求将成为最为直接的目的。然而，虽然教育信息化进程在不断推进，但是回顾大规模应用实践，要近身于彼岸之花尚有较远行程。

三、教育"信息流"与智慧教育

以教育信息化发展智慧教育,必须在数字世界里找到现实的映射空间,并在其中建立数字交通设施。人类知识与主体学习也只有在数字世界里运行通畅,才可以通过数字环境智慧地回馈到教育的"意义世界"里。无论是地平线报告的航标,还是智慧教育的理念与追求,其核心在于学习设计与智慧追求。其设计与实现需要在理论与实践上紧密结合,在信息层面进行转换与流通,并以数据形式存在于数字世界。

(一)教育的信息化

教育信息化在推进过程中,由于参与主体与实践"场域"的关系,大量的教育信息化工作都处于现象与知识层面。教与学的理论和教育技术应用等研究,都源于现实的现象与问题并结束于由特定的方法与过程而来的具有现实意义的结论。研究的结论归根到底是处理于知识层面,而非信息层面。之所以从信息科学视角看待教育信息化工作,原因有两个。一是教育信息化的目的是教育现代化与智慧教育,而其能够实现需要借助于信息技术与数字网络。信息在这两者之间具有桥梁作用,它可以连通教育的意义世界与机器的数据世界。二是"信息化"是将现实事物转化为信息,以方便信息在数字网络世界中管理、流通等,从而利用电子信息快捷的优势加速意义世界的运行。而教育就可以通过其自身领域信息身在其中。

对意义世界中教育现象与教育问题的研究,如何转入到信息层面,其中的关键就在于研究的过程。笔者曾与一位美籍华裔学者交流有关知识产生的问题,其认为知识的产生基本遵循基于数据与证据研究的过程。也就是说知识产生的过程就是这类研究进行的过程;研究中所用的数据与信息,就是知识产生的基础。实际上在美国的许多社会工作中就带有数据记录的任务。所以,这种基于数据与信息的问题与现象研究,其中就包含着信息化的过程——至少可以作为其中一种。而如何将众多研究过程的产品系统地连接起来,却是一个复杂而浩大的工程,并非一时一己之力所能及。

教育信息化工作已经取得不少成绩——长于顶层设计,善于主流技术讨论,富于大规模应用推动,而且近年的实证研究也不断增多。但从长远目的和科学视角看,其中也存在根本性的问题,尤其是在数字世界与信息层面审视的时候。基于数据的实证研究中少有全面考虑区域或学校教育信息应用者,而使研究中的相关信息过程不能产生"信息化"应用作为;基于证据的实证研究中大有缺少信息化视角与方法者,而使其难以进行信息化应用;实际上,信息化视角与方法不仅可以用另一种视角观察研究工作,而且能使研究中的数据与信息处理更切实、更清晰,从而使研究工作更容易地移植到实践"场域";教育信息化推进中顶层设计之下缺少信息化操作方略,而使学校等推动单位无意着手相应的信息化工作；更为底层的，教育数据缺失或失范而无法使教育信息在数字网络中流动。然而教育信息化研究与工作终究要搁置在信息层面，操行于数据层面。

（二）教育信息的"流"与"态"及其流通

从信息科学视角看教育信息化推进中必然存在"信息流"问题。课程、教学、资源、师生等诸多要素，以及教育管理、教育活动、教育应用等诸多活动，甚至包括学校教务、行政、后勤、基建等部门事务在系统化运行中会产生大量的信息，这些信息会向上汇集、向下通达，或横向传输、纵深融合等。而所有信息会在有序的教育管理和教与学各项活动中形成一股股的信息流。信息在存储时、在流通中、在显示时根据应用场景所呈现的形态，就是"信息态"；它会随着运行事务、使用者特征与需要和技术限制而表现出不同的形态。信息流动过程中，各种异质异态信息将发生形成、运算、转移、转换等各种变化。信息流将影响相关教育、教学或学习的活动或操作是否能够在数字世界里顺利完成。而信息态作为各种教育信息在不同的源头、"驿站"、加工点呈现信息内容时的信息形态，一般受到设备、操作需要、交互需要的影响，也直接关系到信息在机器、数字与意识世界中意义的统一性与可理解性。

处于意识和现实世界里的教育信息化工作与智慧教育研究，如果不能在信息世界里围绕相应的信息流与信息态展开，则信息化的结果难以通畅；更何况信息的流通与应用更要以数据流与数据形态为基础。信息的本质是客观事物之间及其内部的联系的确定性或不确定性记录。联系是指事物之间及其事物内部诸要素之间的相互影响、相互制约和相互作用。钟义信教授的"信息—知识—智能"转换规律说明，信息正是在外部世界与认识主体相互作用的过程中展现它的全部运动规律：本体论信息转换为认识论信息，进而转换为知识、智能策略和智能行为。所以，在信息化教育推进与智慧教育追求中，需要完成知识与信息的转换，以便在设计与实施中，能够更加顺利地实现教育信息的数字操作与流通，从而加速信息化教育进程。

教育信息化实际推进中对"信息流"的研究相对匮乏。受信息化研究的规模、所遇问题的大小，以及实施的便利与成本等因素影响，信息流与信息态的研究并不乐观。这突出地表现在："信息孤岛"的问题一直没能解决就是因为信息形态不一、信息流通不畅；教育信息化实践和各级应用学校中，符合发展情态与目的的信息流与信息态并未形成；符合教育信息化预期、服务于"知能发展"的智能化服务框架在应用推行中并未找到很好的信息参照框架——尽管教与学的研究已为数不少；在智慧教育与教育大数据应用之间缺少应有的信息与数据空间，使得以数字网络与设施为依托的智慧教育无法在数字世界中建立配套的智能化方略与数字化体系。

不断发展的教育信息化需要以"动态演化"的方式不断向智慧教育发展。而信息流和信息态的研究与发展，也将随着不断的演变而逐渐形成可以扩大应用的套件，进而正式应用于智慧教育服务中。尤其是教育信息在数字网络中的流通，将随着不断发生的教育活动产生大量信息流；信息"流—态"的明晰也将预示适应于教育发展需要的信息流架构与规则必将趋于成熟。如信息技术应用研究一样，这些都需要群体智力系统将知识、技术特性与其他客体因素作为参考。

（三）推进信息"流—态"与信息流通设计

智慧教育以智慧地培养智慧人为目的。教育信息化2.0也旨在开放、个性多样的环境中服务学习者的个性与智慧成长。新阶段的推进中要争取实现向大资源的开发应用和服务、向提升师生信息素养和向创新发展的"三个转变"。这将主要依赖于数字网络环境与数字教育资源。而从规模性群体效应看，数字环境与资源或可用来支撑大规模教育应用和指数级应用加速——这是信息化带来的发展优势。

教育信息化2.0是一项移植智慧的工程。长远看当以智慧教育环境孕育学习主体智慧，以教育信息转换、教育信息流通构筑智慧教育环境，以教育数据科学实现教育信息转换与通达，并以教育、教学与学习原理的科学研究指导信息"流—态"设计及其流向。只有这样，才能在动态演进中减少消耗，促进数字时代教育发展。智慧教育作为未来教育的理想状态，其实现并不简单地取决于人们的意愿。它是由社会需求与技术进化的相互作用决定。面向具有社会期望的智慧教育，当前的教育信息化2.0与后续的教育信息化X.0推进中，需要主要推动群体以智慧教育与教育信息化为目标，围绕教育信息的技术设计与数据实现等主要议题展开。

1. 个性智慧信息建模靶向智慧培养核心目标

追求智慧教育，个性化培养是主要教育理念之一。智慧教育面向学习者的智慧发展，而智慧离不开一个个独一无二、不可复制的生命个体；推进教育信息化，就要面向个体的智力培养，促进其健康成长和智慧发展。而信息技术的发展可以先进教育理念为指导，强力支持个体学习者自身发展。越发全面、深入且具有教育与生命价值的教育信息化发展，越来越具有打破计划统一、教法整齐、教材类同、学程单一的旧教育格局的力量；从多样的研究到丰富的应用，再到充分的多功能技术支持，技术应用逐渐深化的教育信息化越来越能够支持以人为本、面向个性化学习的新教育格局。

个性智慧信息建模是对学习主体智慧达成的过程与结果中核心要素、重要元素或主要影响因素进行信息层面的模型化呈现。一者主体个性化智慧生成能力是现代智慧教育的目的，二者机器世界、数字信息世界与意识世界的运行需要在智慧教育目的之下实现信息层面的目标图景，以期信息化与智能化工作有的放矢。主体的个性智慧建模在文化与理念层面具有不确定性，但是在信息层面或许相对确定。而多源多样的个性智慧建模可以弥补信息化建模中对智慧成分的遗失，可以从教育理念与文化生活中寻找个性智慧的"种子"。

2. 教育信息流通架构连通智慧教育服务

面向智慧教育的教育信息化 2.0，需要为学习和教学提供智慧服务。"以学生为中心"和智慧人才的培养，需要明确可提供的智慧服务，包括服务于智慧学习、智慧成长的途径、策略、方式、种类等。智慧教育服务是智慧教育建设的软件，与其硬件环境建设相对应；它使数字教育资源和环境建设的目的与功用得以更为适宜地发挥。

智慧服务需要依凭已有和未来的研究成果。智慧教育新格局将使教育逐渐从"施教"转向"提供服务"，使学习者由"被教"的对象变成"被服务"的主体。面对不同的学习群体、不同的学习需要、不同的学习方式和不同的学习渠道等，智慧教育教学服务在实践推进中需要有适当的教育教学理论为基础。承担重要任务的智慧服务环境要变成现实，就必然需要把教育教学理论和学习科学规律转化为可与信息技术结合的形态，以便在信息层面上操作，这也是完成"人的智慧的电子移植"的关键。所以，结合理论与技术以形成可操作的方案，是信息化工作的重点。然而丰硕的理论成果有各自侧重的内容；其所关心的焦点是教育的某一个或几个维度，某一个或几个因素。而面向个体、群体提供教育服务时，需要进行非常全面、系统的考虑与统合。

学习科学可以为智慧培养和智慧服务功能提供可靠的信息化设计依据。它是一个以学习为核心的重要的跨学科研究领域。它不仅为包括开放教育在内的整个教育系统的变革提供了全新的思想，而且为教育实践创新提供了许多新的技术与系统的教育干预。学习科学的任务有两个：真实情境中的学习理解和在设计环境中如何更好地促进学习。以学习科学为基础，结合教育教学原理，可以为智慧教育教学服务提供现行或为未来实施体制下服务框架的研究提供基础。如，正式的课堂教学和学校教育实施中智慧服务内容与形态，非正式家庭学习、校外学习和社会化学习中智慧服务的渠道、内容与形式等。

智慧服务中涉及大量多源多样信息。教育信息的流通架构将为实现智慧服务展现清晰的图景与脉络。其中重点在于智慧服务中对应哪些需求，需要汇集哪些信息，需要用怎样的通路以收集信息，进而进行判断与推理，给出建议并表达。在当前教育信息化格局下，可以依据教学与学习需要，分层架构信息流通结构，连通教育信息网络，为学习个体与群体提供便捷的学习机会、适当的资源、及时实用的指导和科学客观的评测与反馈，以及正确可靠的咨询等要件。

3. 教育信息"流—态"活化智慧教育环境与设施

智慧教育的目的及其服务引导下的信息流与信息形态最终可以通过教育数据与信号的流通"活化"数字化设施与环境。实现教育信息化目标、完成智慧教育及其服务环境，需要转化教育政策、举措、项目、工程等为信息形式的教育数字应用。而这些数字应用以中间层的集群信息为对象，落实于相应的教育数据。随着教育中常态化、周期性与偶发性项目的陆续进行，多源多样的教育信息也逐渐表现为规模有别、性质不同的信息流。

稳定可靠的信息流体系涉及信息化设备、系统、平台中数据的应用走向，可用以完成服务引导下的环境调控。而信息态是信息流的基础，包括信息的类型、结构、表现媒体、承载媒介等。信息形态研究的两个主要参照面是应用需求和技术实现条件。如，智慧学习环境中"有元数据的学习任务"就可以是其中组成部分，在实施中就需要对其进行信息化"流—态"设计；还有"流程工作表""提示语""档案袋"等由于其在数字化学习中的重要作用，都可以成为智慧服务环境架构中信息"流—态"设计部分。

借助智能技术与智慧服务发展主体智慧，重要的工作之一就是智慧的电子移植，即创建能为教育、教学和学习提供服务的智慧环境，它具备感知信息、随时接入等许多功能。智慧教育环境将是依托物联网、云计算、无线通信等新一代信息技术所打造的联物、智能化、感知化、泛在的教育信息生态系统。它通过提升现有数字教育系统的智慧化水平，实现信息技术与教育主流业务的深度融合，以促进教育利益相关者的智慧养成与可持续发展。而智慧化水平的提升、技术与业务的深度融合，都需要在以信息流与信息形态等研究基础上完成。即使有人工智能介入，也需要研究者完成诸多专业的信息化工作。

在第三届中美智慧教育大会上，中国工程院院士潘云鹤指出，我国的教育信息化需要按照数字化、网络化、智能化的发展阶段推进；在新一代人工智能的战略实施中，队伍的组织和人才的培养是两个关键的方面；人工智能在教育领域的应用，需要多个专业领域协同攻关，实现教育的现代化升级。而逐渐形成的新型智慧教育环境的教育参与，能为"深化课程改革，落实立德树人"教育改革的目标、任务和推进领域与环节提供基础与条件。智慧教育环境下能更快地形成高校、中小学各学段上下贯通、有机衔接、相互协调、科学合理的课程教材体系，能更有力地架构与教育教学主要环节相互配套、协调一致的人才培养机制，能更有效地形成多方参与、齐心协力、互相配合的育人工作格局。这种支持与影响可以表现在"学生发展核心素养体系和学业质量标准的研制""优质教育教学资源的整合和利用""课程实施管理的加强"等方面。智慧教育环境的发展与实施，有利于促进人才培养目标的实现，为"立德树人"提供更为便利、迅捷的渠道和阵地。

四、智慧教育之信息化设计应时推进

智慧教育是一项宏大的工程，其信息化推进需要在不同方面、多个部门有重点地落实。除注重顶层架构外，更要关注底层的教育信息系统化设计；实际行动中可以从实验到应用、从少数到多数、从区域到各省地推进。在个体学校中，可以立足于已有的教育信息化工作，包括硬件、软件、培训等工作，在学校发展目的与合理有效的绩效指标的指示下，从实际的学习、教学与管理活动及常规的、重要的业务中落实相应的教育信息化工作。

首先，智慧教育环境建设可以立足于学校教育教学实际，面向发展目标，通过多种分析展开。校园智慧服务环境中的信息"流—态"设计完全可以根据学校日常教育教学和学习及生活情况进行，尤其是在学习与教学活动中可以将学习分析用以推进个性化需求的满足。从学习视角来看，智慧学习服务环境的一个重要任务是基于分布式学习系统和信息流通架构，在较多了解学习者学情的基础上，包括学科学习状态、学习能力、学习风格等，结合情境感知信息进行处理与分析，并根据学习者要求或系统自主预测模型提供学习建议、方案或资源。相应的研究工作可能聚焦于学习分析统计模型、学习数据挖掘，机器学习、知识工程和学习分析结果可视化等。操作中将涉及信息 / 数据采集、数据分析和结果呈现等几个部分。目前常用的一些学习分析技术手段包括社会网络分析、话语分析、内容分析等。同时，学习分析也面临着挑战，"大数据"中提取有价值信息的方法，安全性和隐私问题，学习分析模型设计，以及信息模型与体系架构等，都是需要进一步研究的。

对于个体学校，除了考虑学校中的学习与教学需要并分析如何对它们进行信息转化的基础性工作外，更需要关注如何利用这些教育信息，并产生可供学校管理、教学管理、学习监测、实践应用等方面利用的伺服系统。如果智慧教育服务环境从底层数据与信息架构、中层实际应用和上层教育目标三个层面来看，那么就能发展其中巨大的可研究空间，太多问题有待研究并解决。从实际经验来看，由于教育教学情境的内在一致性，很多教育目标使用着来自同一个超大信息集合的相同或相似的信息，即不同的教育发展目标可以源于重合度较高的信息集合。智慧教育环境要适应不同的教育目标需要，其中心工作将在于信息形态设计与信息流通架设。而现有的智慧服务产品在其实用与实效性上还有待进一步观察，尤其是在统一融合的智慧环境特性方面，即其实际应用还有待产品进一步成熟。

在应时的信息化推进中，个体学校可根据学校实力做力所能及的工作。在"立德树人"时风之下，可以用教育政策纲领指导智慧教育环境建设。可以在资源置办、媒体建设、终端配备等环境建设工作中融入以文化人以文育人的宗旨，建立有特色的学科体系和教材体系，在新媒体新技术运用中活化工作。而依照工作事务逻辑对信息和数据的设计与利用，将能使这些工作与智慧环境结合起来，使教学与育人工作真正"活"起来。学校可以通过一定的方式（购买成熟智慧化管理、教学或学习的适应性系统，或者与研究机构合作设计并开发"校域"智能学习系统等），及时掌握各方面情况，调整工作实施，并根据需要调整目标。

其次，智慧学习环境发展可以从实验学校开始并在完善后扩大应用。作为一个系统性工程，智慧学习环境建设需要相当的成本，而且它的可用性也需要在实践中不断完善；现实教育不能背负过多的实验负担和风险。从实验学校生根发展是教育信息化集约型推进的一种方式，也是比较稳妥、安全的方式。发展成熟的智慧学习环境可以在整体的架构之下，通过良好的结构与接口进一步推行。实际行动中可以针对实验学校的教与学需要，对智慧学习环境进行信息模型设计，并在由实证研究形成的智慧功能单元实际运用稳定后将智慧功能安装至智慧学习环境中。而符合众多教育需要的智慧服务功能单元集合，构成了整体智慧学习环境的雏形。实验性智慧学习环境形成中积累的教育数据与信息设计必然包括信息流态设计，其运行方式反映了信息化教育的业务需求与运行逻辑。

再次，区域和国家层面需要提供智慧服务信息化架构。区域与国家的智慧教育服务是基于区域与全国教育现状自上而下实施的教育供给与支持。其相应的智慧服务信息架构当需要反映教育信息流向以宏观支持教育决策与部署。智慧服务的上层信息化架构关乎智慧教育环境支持的大教育形态与质量，其存在是必需的。一者，只有区域或国家具有完成大规模智慧服务环境的实力。二者，教育体制将决定智慧教育服务环境的服务取向，而且教育优化的诉求也要求区域或国家进行整体架构。

智慧型教育服务平台与服务网络的整体架构，取决于区域或国家对其智慧教育服务的目的、角色定位和服务内容等，实施中涉及中、下层信息的流动结构、口径、周期、流向等汇聚处理，以及信息的变换、分析与情态的诊断与推理等，并依赖于设施与网络、软件与平台，以及功能性智能要件等得以实施。智慧教育环境服务于不同人群的特征和需要，关联于众多的资源、交流、评测等，是一个庞大复杂的工程。在系统的环境设计和整体架构统摄下，可以充分利用现有的结构化、模块化、原型、敏捷开发等设计与开发成果，并融合有益的发展路径以参考，如"七大发展路径"。

个体学校需要可参照、可依赖的教育信息"上层架构"，其中"管理域"和"教学域"的信息架构是重要的两个部分。学校的教育信息化工作，需要在符合管理需要和相应教育教学发展的前提下进行。可移植、可重用的教育信息系统架构，需要在学校发展目的与有效的绩效指标的指引下，充分从实际的学习、教学与管理活动中梳理教育信息源、研究数据逻辑和管理业务逻辑，形成教育信息流通的生态架构；并通过多种方式局部或全部实现以切实投入实际使用，为智慧化教学与学习提供支持。架构的合理性、灵活性、强健性关系到其大规模的可用效应。基于合理而理想的智慧教育环境，应以立德为先、智慧育人为理念，以积极引荐、提供咨询、给出建议等为主调的服务方式转变，在智慧服务环境迅捷而灵活的特征支持下，得到充分的资源内容与活动应用支持。也就是说，优秀的智慧教育环境，应该可以适应教育政策与目标的调整，动态地准备服务内容并调整服务方式。而这依赖于相当高的信息形态设计与信息流通架构，需要多层次多方面信息的技术塑形工作。

最后，创建智慧教育环境需要依靠众人的智力付出和对已有知识成果以及软件、硬件技术的综合运用。智慧教育环境是要为学习者或教育参与者服务，为他们提供必要的学习与工作支持。这意味着要把学习理论和教育教学理论融入数字环境的建设与教育信息系统的设计中，通过智力贡献把它们与软件与硬件技术结合起来，以使服务环境具有智慧反应的能力。这离不开群体智力和已有知识成果，更要凭借多源的技术开发、应用与优势组合。比如连接不同学习设备为学习者提供一致的服务，会涉及物联网技术、嵌入式系统开发等。具有经济实力的学校可以根据合理的教育教学绩效目标，进行信息化教育教学实施与研究能力培训，以使组织的人力能够适应学习信息化教学与信息化管理的需要；同时可以通过群体智力对教学与管理信息层面进行更为流畅的务实设计，将已有的教育信息化软件、硬件充分集成到关乎长远发展的学校教育信息化设计与系统架构中，为短期或中期的学校教育信息化工作做出努力。

不管是国家或区域范围还是在个体学校，无论是上层架构还是底层设计，要连通硬件、软件还有人力等资源，形成功能完善、结构良好、运行强健的智慧环境，都需要结合多方智慧资源对部分或整体的智慧服务形态与系统进行深入研究。只有在思想站位、研究切实、设计充分、服务落实的情况下，才可能通过"流态""软性"的智力贡献实现可行、可操作、可实用的教育信息化 2.0 环境、系统的建设与应用。中国教育学会前会长钟秉林在《第三届中美智慧教育大会主旨报告》中指出，依托于信息网络的教育教学为化解新时期教育的主要矛盾带来了新的机遇和挑战。未来，虚拟现实、增强现实和人工智能技术的发展及其与教育教学的融合，将给学校教育教学带来新的冲击。面向智慧教育的信息化 2.0 则需要推进共同体一起努力。

信息科学视角的教育信息化分析，其目的是从信息层面切实考虑教育信息化工作，以便能切实推进它。用信息科学视角就是要从研究教育信息的本质与运动规律出发，理清教育信息的获取、传输、表达存储、识别、编码和处理的运动逻辑与变化过程，以通过信息层面的实施，完成教育活动中的需求与服务，进而推动或实现教育现代化。如果说信息科学以扩展、移植人类智能、智慧为主要目标，那么信息科学视角的教育信息化研究定然是通向智慧教育的黄金大道。教育信息"流—态"设计，是转换教育、教学、和学习领域研究的已有知识成果的工作，更是实现信息化教育、教学和学习活动内容与过程的工作。基于数据处理的教育信息形态转换与信息流通是完成通过数字网络与智能机器向智慧教育发展的重心。实现数字网络时代的智慧教育，必须从连接意识世界与数字信息世界开始，从教育"信息化"着手，结合当前教育教学和数字化学习的状态与需求，逐渐推进。

过去教育信息化的发展以基础设施建设和技术教育应用引领、推广，工作中有"服务"的姿态，但也不自觉地带有"教"的立场。面向智慧教育的教育信息化 2.0，其个性智慧追求决定了推进工作必然要求从"学"的立场提供"学习服务"的条件。这种"换位"要求忠实的"学习服务"的姿态，为学习者的智慧的发展和个性发展提供智慧环境与条件。在"立德树人、智慧育人"的教育理想与追求之下，智慧服务环境的作用将变得越发突出。透过其功能性特点和智慧性特质，它不仅会影响与主体的"沟通"结果，而且会泛起规模化效应。这在教育文化层面所能引起的变化会非常显著，在教育生态中所能产生的改变也会相当可观。

第二章　现代信息技术

第一节　现代信息技术发展历程及其影响

人类社会由农业时代、工业时代向信息时代的进步和转变，其动因之一就是现代信息技术的不断发展和普遍运用。

一、近代信息技术发展的阶段及其特点

（一）第一阶段：电信的发明，电话、广播、电视的使用，使人类进入利用电磁波传播信息的时代（时间：19 世纪）

现代信息技术的发展是 19 世纪从西方开始的，19 世纪上半叶发明了电报，下半叶发明了电话，开始了现代通信技术的发展。到 19 世纪末 20 世纪初，有了无线电。20世纪上半叶发达国家普及了电话，下半叶有了程控电话交换机、光纤通信和卫星通信等技术。发明了无线电以后，接着有了无线电广播，20 世纪上半叶有了电视，后来又相继发展了彩色电视和 20 世纪下半叶的有线电视。随着这些电信技术得到普及应用，大大加快了信息传播的速度和效率。1844 年莫尔斯研制了第一台电报机，并且用于长途通信成功。随后，贝尔发明电话机，马可尼、波波夫等人发明无线电，现今微波通信、激光通信、电报、广播、电视、传真和卫星通信相继问世，使信息开发利用趋向全球化、多样化、综合化。

（二）第二阶段：电脑的发明，第一台数字电子计算机出现在 1946 年

20 世纪 40 年代电脑问世。50 年代末，第一代电子管电脑应用于军事科研过程的信息处理；60 年代中期第二代晶体管电脑向民用企业转移，60 年代末，集成电路和大规模集成电路电脑接踵而至。从此信息处理实现了一体化和自动化。电子计算机可以模拟并代替人脑的部分思维功能，拓展了人类的处理能力，提高了资料存储和使用效率，实现了信息资源共享。至此，人类奔向信息时代的序幕业已揭开。

（三）第三阶段：互联网的使用，即国际网络的出现（时间：现代）

20世纪60年代末在美国出现了第一个用于军事目的的计算机网络。90年代开始在世界范围内迅速推广扩大。这一阶段才把电信、电话、电视、计算机、互联网络连接起来（多媒体传输）。20世纪90年代末期，随着国际互联网的高速发展，开始盛行浏览器／服务器结构，网络计算的模式已经成为IT计算模式的主流，第三阶段称为"后PC时代"——网络时代。后PC时代，电脑技术的运用开始逐渐被网络技术的运用所替代，目前为止，几乎每个国家都与国际互联网有连接，具有从电子邮件到互联网的全部功能。信息技术在这一阶段的飞速发展，开始深刻地影响着全世界人们的生活方式。

二、现代信息技术的发展给人类社会带来的影响

信息技术飞速发展，引发了社会信息化，对现今社会的影响是全方位的，突出表现在经济增长方式、企业经济活动、金融市场、政府工作活动等几个方面。

（一）对经济增长方式的影响

在工业社会中，经济发展是靠资源投入的方式来实现，工业化加工资源的方式是一种高消耗、高污染的实现方式，这种方式必然会引起自然资源的日益枯竭、工业污染的加剧、环境退化的失控。而信息科学技术引发的社会信息化，为各国摆脱高投入、高消耗、高污染的经济发展方式提供了技术可能。信息化的开展开创了经济增长的新方式，即依靠科技进步，而不是靠高资源、高投入来促进经济增长。

（二）对企业经济活动变革的影响

从工业社会的产业经济向信息社会的信息经济的转换是经济的一种变迁，这种经济变迁包括了在世纪之交产业社会向知识社会转换过程中，从经济理论、社会经济结构、经济增长到企业内部管理等宏观到微观的社会经济变革。在这个转换过程中，电子商务是一种重要的、非常关键的手段和措施，它不仅改变了企业本身的生产、经营、管理方式，而且对传统的贸易方式也带来了巨大的冲击。电子商务最明显的标志便是增加了贸易机会、降低了贸易成本、提高了贸易的效率。它大大地改变了商务模式，带动了经济结构的变革，对现代经济活动产生了巨大的影响。此外，电子商务对市场结构也有着明显的影响。工业经济的市场模式被称为迂回经济。信息经济的市场模式被称为直接经济。电子商务大大缩短了生产厂家与消费者之间供应链的距离，改变了传统市场的结构。

（三）金融市场是信息技术应用的一个重要领域

现在可以在世界上任何地点通过街道墙壁上的自动取款机获取24小时金融服务。信息技术在初期会提供一种改良的软件来支持市场的高级文书工作。许多机构很成功地用它来记录、分析及控制数据，从而显著地增加了事务处理速度并提高职工的工作效率。

经过一段时间将能对文书的工作方法进行改进，降低所需职工的级别，这在金融业中是个值得注意的倾向。

（四）对政府工作活动的影响

信息技术使政府在信息的生产与传播、管理模式和手段等方面发生了深刻的变化。一方面，政府在某些领域既有更强的信息获取与控制能力，又拓展了政府职能的作用域，能够更有效地实现对社会的控制；另一方面，政府在信息获取与控制方面的垄断优势也将被打破而面临来自各个层面的竞争，导致某些职能受到压缩，甚至流失。这两个方面的作用将给政府的管理方式和行政手段带来革命性变化。电子政务的发展，将改变原有的行政业务流程，对管理机构进行重新组合，保证信息传递的高速度，提高信息传递的准确率和利用率，利用信息技术、信息资源及信息网络提高政府办公效率和质量。

纵观信息技术的发展过程，可以清楚地看出信息技术的产生、发展，对人类社会产生了广泛而深远的影响，它已成为衡量一个国家的综合国力和国家竞争实力的关键因素。我们应该正确运用信息技术，使其与社会经济、政治紧密地结合起来，充分发挥其作用，为整个社会创造更大的财富。

第二节　现代电子信息技术的特点与发展

随着经济全球化的深入，衡量一个国家、一个社会的发展水平，不仅是通过人均GDP、城市建设等因素，还要充分考虑到电子信息技术。电子信息技术是一个国家非常重要的科学软实力，关系到社会各个领域。最近几年，我国电子信息技术在发展上取得了很大的进步，在国际上占据一席之地，但是我们必须清晰地认识到我国电子信息技术在高端领域上与发达国家还有一定的差距。因此，我们有必要更加深入把握现代电子信息技术的内涵与意义，推动现代电子信息技术更好发展。

一、电子信息技术内涵与意义

电子信息技术主要包括电子通信技术、计算机语言、计算机技术、电子光纤技术、游戏等方面。现代电子信息技术则以通信技术、微电子技术以及电子计算机技术为主要特征。随着电子信息技术的更新与完善，该技术朝着市场不同层次多元化发展。当前，发展最前端的便是电子信息技术和网络技术的整合与应用，也是我国未来电子信息技术非常重要的研究课题之一。

电子信息技术发展已然改变了我们的生活方式、思维方式、发展方式，成为推动社会发展的主要力量。在经济全球化的推动下，国家之间的合作从经济、政治、社会、文化逐步延伸到电子信息技术领域。因此，我们应该将电子信息技术摆在影响我国经济发展建设的重要位置来看待，不断加强研发力度，在高端核心技术上寻求更大的突破。

二、现代电子信息技术的特点

（一）自动化、智能化

随着人们对电子信息技术需求的提升，电子信息技术朝着智能化方向不断发展，我们比较熟悉的有智能手机系统、导航系统、云计算等，这些信息以智能化、便捷化的优势改变了我们的生活方式与工作方式，不仅能够最大限度节约资源，而且加快了人们的发展节奏。比如在获取信息方面，人们足不出户便可浏览天下大事，很多信息只需要几秒钟就能成功获取，极大地提高了工作效率。

（二）体积较小、集成度较高

随着电子信息技术在集成电路领域方面的研发与突破，目前在高新技术与材料的支持下，传感器的体积越来越小，但是作用却越来越大。例如，我们所使用的电脑，在几十年前电脑的体积还是很大的，但是现在无论是台式电脑，还是笔记本电脑，在技术的支持下，体积越来越小，便于人们方便携带与使用，有助于提升学习效率与工作效率。

（三）网络化、数字化

在电子信息技术的发展下，数据储存的方式已然全面数字化。尤其是在网络技术的支撑下，能够建立巨大的数字化网络结构，在光纤通信技术、无线通信技术等等高新技术的整合下，使其信息传输与储存呈现出可靠性高、分布广、速度快、数据量大、时间久、不易损坏等特点。

三、现代电子信息技术的发展

从电子信息技术的特点来看，电子信息技术含量高、潜力大、污染小、附加值高、竞争力强、发展空间大等优势，都是其他技术无可比拟的。目前，西方很多发达国家非常重视电子信息技术的研发以及相关产业的发展，而且将其作为经济低迷时期推动国家经济发展的主要力量。由此可见，电子信息技术在国际上具有非常重要的地位，但是我们与发达国家之间还存在着一定的差距，所以我国现代电子信息技术应该尽快朝着这些方面进步。

（一）纳米技术发展趋势

目前，电子信息技术已经在纳米领域有所发展，而且世界上很多电子信息技术企业将该技术运用到 CPU 制造过程中。技术人员利用纳米技术能够使其集成化技术更加完善，将原来体积非常大的各种原件全部集中到一块芯片之中，使其智能化、信息化更加敏捷，使其整个设备始终保持着高效率的运作模式。虽然我们已经在这方面有所发展，但是还需要加大研发力度，让该技术更加完善。

（二）光电子技术

光电子技术对于很多人来说都比较陌生，据笔者所了解，光电子技术目前处于研究阶段，虽然还没有真正实现，但是它的优势比以往的技术更加全面，应该作为电子信息技术未来主要的发展方向。光电子技术是电子信息技术与光子技术的结合，目前涉及光传输、光处理、光储存等方面。光电子技术相对于电子信息技术来说，安全性能更高、速度更快，关键是能够节省大量的资源，而且没有污染。例如，当前我们还有很多领域无法成功探测，但是运用光电子技术则可以实现，例如探索深海区域、地心内部、宇宙等。当然，光电子技术还具有非常广泛的市场。

（三）通信技术多元化发展

通信技术是与人们最为密切的一种技术，比如移动通信技术、卫星导航技术等，人们在日常生活中几乎离不开这些技术的支持。在电子信息技术的支持下，这类设备也更加成熟，在任何移动装备中都能够找到它们的身影。尤其是最近几年，光纤技术普及，着实全面提高了人们的网络体验，使人们感叹科技强大的力量。

（四）软件技术

软件技术是推动电子信息技术发展与进步的主要力量，同时它在计算机技术、网络通信技术方面有着不可替代的作用。比如我们平常所使用的设备，倘若要让它们能够实现对应的功能，那么就必须完善软件技术与电子信息技术的结合，电子信息技术是实现智能化软件技术的基础，而软件技术则能够让各种设备在各个领域中发挥自身的优势。

本节从电子信息技术的内涵与意义入手，对现代电子信息技术的特点做了介绍，并且结合当前电子信息技术发展的现状对未来发展的趋势进行了分析。希望人们能够更加了解电子信息技术，也明白现代电子信息技术还存在着一些不足，还需我们不断努力，不断研发，将电子信息技术与各个领域更好地结合，从而为人们提供更好的服务。

第三节　电子信息技术在现代生活中的应用

随着科技的发展与进步，电子信息技术逐步登上历史舞台，成为人们生活中不可缺少的沟通媒介。随着电子信息产业的高速发展，当前社会已经步入了电子信息时代，其业已成为当代最活跃、影响力最大的科学技术之一，为经济的发展与人们生活水平的提高做出了巨大的贡献。

一、电子信息技术在现代生活中的应用

（一）光电技术的应用

光电技术是现代电子信息技术的重要组成部分，包括光电检测技术、光电电子技术、光电显示技术、光电探测与信号处理技术等。光电技术涉及光学技术、微电子技术、计算机技术、精密机械等多个学科领域。较为典型的应用有软性显示器和 LED 技术。软性显示器不但画面精细清晰，色彩绚丽明亮，3D 显示以假乱真，还具备像传统的纸一样能弯能折的特性，不用时可以折起放进口袋，需要时如纸一般展开就可以使用于各种场合，让人们的生活工作更便捷轻松。在现今全球能源短缺的情况下，LED 作为一种绿色光源产品，不仅节能、环保、多变换，还具有寿命长、高新尖等特点。比如 LED 路灯、LED 电视等。

（二）智能手机的广泛应用

今天越来越多的人开始使用智能手机浏览网页、欣赏音乐、收发邮件，智能手机已经成为后 PC 时代的主角。以智能手机为代表的网络终端是"后 PC"时代典型的电子设备。网络终端指的是专用于网络计算环境下的终端设备，与 PC 相比，它通过网络获取资源，没有硬盘、软驱、光驱等存储设备，应用软件和数据也都存放在服务器上。一项针对智能手机性能的调查显示，从处理器速度、标准 RAM（随机存取存储器）、储存能力、显示分辨率、外形尺寸和价格上看，当前智能手机的能力相当于十几年前的 PC 水平。网络终端还包括大量智能可穿戴设备，它们已经被广泛应用于医疗、运动、娱乐等行业领域，相关应用越来越丰富，市场规模将进一步扩大。

（三）在家用电器中的广泛应用

运用电子技术表达和传递出来的信息内容丰富，生动活泼，知识涵盖面广，且使用价值高，使得接受的一方能够在较短时间内学习更多的知识，在生活上为人们提供便捷，例如电子信息技术在家用电器上的应用。电子信息技术在家用电器应用上的主要体现形式是一体化特点，即将传感技术、接口技术、系统化、微型模块化等技术相结合，推动家用电器技术的进步。产品的种类日新月异，各种功能不断出现，且使用操作简单，为用户的生活提供更多的便利。

二、电子信息技术的发展趋势

随着电子信息技术在全球范围内的重视程度不断提高，未来将呈现如下四个方面的发展趋势：

（一）多媒体化、智能化

多媒体，是指在计算机系统中，将两种或两种以上的媒体进行组合的一种人机交互式信息交流和传播媒体。使用的媒体包括文字、图片、音乐、特殊音效等，以及程式所能够提供的互动功能，使用起来方便迅捷。智能化是指由现代通信与信息技术、计算机网络技术、行业技术、智能控制技术等技术汇集，最终形成一种针对某一个方面应用的智能集合。智能化的高低取决于信息技术的发展程度，技术含量及复杂程度越高，智能化效果也就越强。智能化产品已逐渐渗透到各行各业，对我们的生活有着巨大的影响，如智能住宅小区、监管系统等。

（二）规模化、个性化

电子信息技术产品一般会产生显著的规模经济及发展效益，即电子信息技术产业发展必须达到一定的生产发展规模，否则，其是很难存在与发展的，更谈不上在激烈的市场竞争中取得立足之地。当前，我国的电子信息技术产品的生产发展规模越来越大，一些跨国公司的电子信息技术产品产量、质量和规模逐步呈现上升趋势，取得了明显的经济社会效益。同时，随着科技的进步以及人们生活水平的提高，个性化消费逐渐发展成为时代的潮流，人们对电子信息技术产品的需求日益呈现多样化发展。这不仅是当今知识经济时代的重要特征所在，而且也体现出电子信息技术规模化、个性化的发展趋势。

（三）网络化、数字化

网络化是指利用通信技术和计算机技术，把各个地点的计算机及各类电子设备相互连接，按照一定的网络程序软件达到相互通信的目的，使得所有用户都能够在同一时间共享各种数据、图片等信息资源。网络化使得电子信息的应用更为普遍化。目前，计算机网络已被广泛应用，如交通、金融、企业管理、教育教学、商业交流等各行各业均有涉及。数字化就是将各种复杂多变的信息转变为可以度量的数字或数据，再将这些数字、数据建立起来，进行适当的数字化模拟，把它们转变为一系列二进制代码，将其引入计算机的内部，再对数据进行统一处理。电子信息数字化可以节约人力物力资源，扩大经济效益。例如，在电视广播设备里，需要反复进行调整才能够使摄像机接近于完善的工作状态，如果摄像机全部数字化，就不需要调整了。对厂家来说，降低了摄像机的成本费用；对电视台来说，缩短了节目制作时间。

（四）梯次化、全球化

在我国，电子信息技术逐步呈现出了梯次化、全球化的发展趋势。由于电子信息技术具有广泛性和国际性特征，使得其采购、生产、加工、销售等都具有了全球化特征，这就使其全球化发展趋势必然日益明显。与此同时，西方发达国家往往凭借自身的雄厚资金、技术、品牌以及竞争优势，一般都主要从事电子信息系统集成以及一些高科技产品的研究、开发和销售工作，而不断把一些技术含量低的电子信息产品生产转移到发展中国家和地区，这样在全球呈现出了梯次化的发展趋势。

综上所述，电子信息技术作为一种高科技技术，被应用在人们生活的各个领域，为改善人们的生活和促进经济发展发挥了重大的作用。随着科学技术的不断进步，电子信息技术将拥有更大的发展空间，为人类社会的发展进步做出更大的贡献。

第四节　运用信息技术教学适应现代教学发展

目前，多媒体技术作为一种先进的教学手段，服务于教学，充分显示了它的优势。多媒体技术集文字、图表、录音、录像、动画等功能于一体，图文并茂，为学生的学习和发展提供丰富多彩的教育环境，确实大大提高了课堂教学的质量与效益。但是更重要的是善于将信息技术与学科课程整合起来，发挥学生的主动性和创造性，从而为学生能力的发展营造最理想的教学环境，这是现代教学对教师的又一重大挑战。在这种背景下，教师只有不断学习，努力提高自己的专业能力与信息技术运用能力，才能真正在教育改革中发挥关键作用。

一、运用信息技术，促进课堂转变

信息技术包含着诸多的内容，而且在发生着日新月异的变化。当前，一大部分教师错误地认为技术应用就是做课件、放课件，课堂就是电子交互白板技术功能的展示厅。殊不知多媒体在于辅助教学，不能全盘代替传统的教法；不能把教室当成电影院，不能使课件成为影片，不能让学生成为观众，更不能让教师充当放映员。我们教师应把技术整合到课堂中去，灵活地运用资源辅助教学，转变课堂。

二、运用信息技术，使学习无限化、有效化

传统的教学学生学习内容是有限的，局限于教材，即便有学生平时也看一些课外阅读书，但很有限。随着科技的发展，现在学生可以运用电子书来拓宽自己的视野，未来还可以通过电子书包进行移动学习，而且还可以运用电子书包进行互动学习。

三、良好的信息素养是终身学习、不断完善自身的需要

信息素养是终身学习者具有的特征。在信息社会，一名高素质的教师应具有现代化的教育思想、教学观念，掌握现代化的教学方法和教学手段，熟练运用信息工具（网络、电脑）对信息资源进行有效的收集、组织、运用，这些素质的养成就要求教师不断地学习，

才能满足现代化教学的需要，如果教师没有良好的信息素养，就不能成为一名满足现代教学需要的高素质的教师。

在迅猛发展的信息社会，信息日益成为社会各领域中最活跃、最具有决定意义的因素。教学过程是教育者（主要是教师）对教育信息的整理、加工和传播的过程。教师是这一过程中主要的信源和传输者，在教育信息的准备和传递等方面起着举足轻重的作用。因此，教育系统本身要求教师具备一定的信息素养。

作为一名教师更要适应现代教育工作的需要，应该具备现代教育技术的素质。如果不具备现代教育技术的素质就不能完成或很好地完成现代教育和未来教育的教育与教学任务。因此，现代教育技术是教师适应工作需要首先应掌握的现代媒体技术。教师掌握了现代技术，有助于改善自身的能力结构。学习和掌握现代信息技术，不仅使教师在原有的教学能力的基础上有所改善，增强了对新时期现代信息教育工作的适应性，更重要的是增强了适应素质教育的能力。

大力推进信息技术在教学过程中的普遍应用，逐步实现教学内容的呈现方式、学生的学习方式、教师的教学方式和师生互动方式的变革。充分发挥信息技术的优势，为学生的学习和发展提供丰富多彩的教学环境与有利的学习工具。我们要充分认识现代信息技术的这种巨大的作用，我们要提倡以提高教学质量和效益为目的、以转变学生学习方式和促进学生发展为宗旨的教学技术应用观。要本着从实际出发、因地制宜的原则，挖掘和发挥传统的各种技术手段在教学中的积极作用。黑板、粉笔、挂图、模型等传统教学工具，录影机、幻灯机、放映机等传统的教学手段，在学校教学活动中同样具有独特的生命力，在教学中都有用武之地。当然，每种教学手段也都有其局限性和使用范围，所有的教学手段都有其自身的价值和存在的意义。

总之，坚持"教师为主导，学生为主体"的教学结构课程改革中，教师不能再采用"满堂灌""填鸭式"的教学方式，转变那种妨碍学生创新精神和创新能力发展的教育模式。让学生从被动地接受学习转变为主动地获取知识。教师要做学生学习的引路人，鼓励学生创新思维，引导学生自己去探索、去钻研，让学生成为学习的真正主人，充分发挥他们在学习过程中的主动性、积极性和创造性。教师设计一些问题，要把握好教学进程的坡度，在教学实践中认真分析学生的基础和需要，针对不同的学生因材施教、分层教学，让学生试着自己去解决，在自身实践中体会和提高。在平时的教学过程中，教师要引导学生参与到教学活动中，关注全体学生，而不是个别学生，教师也要做到少讲，让学生自学，做到精讲多练，坚持"教师为主导，学生为主体"的教学结构，充分体现教师既是教育者又是指导者、促进者的多重身份。

第五节 利用现代信息技术，促进教师专业发展

教师专业的发展是指教师在教学工作中教育思想、知识结构与教育能力的不断发展。随着科技的进步，基础教育逐步进入信息化时代。由此，教师的教育技能必须在教学实践中不断促进专业发展，才可能适应教育发展的需要。怎样促进教师专业发展呢？学习教育信息技术，是促进教师专业发展的有效途径之一。事实表明：学习、掌握、运用信息技术知识，能让教师更新观念、掌握学习方法、引导学生进步、加快教师专业发展步伐。

一、采取多种渠道，更新教学观念

更新观念的本质，在教学中表现为以"学"为中心的教学观念的明确。传统的教学观念表现为以"教"为中心，课堂教学亦步亦趋，学生成为接受知识的"容器"。以"学"为中心的新的教学观念，把课堂教学过程看成师生交往、积极互动、共同发展的过程。由原来的"单一"活动变为"多边"活动。"学"代替了"教"，使得教师成为学生学习的"引导者"；学生成为学习的真正主人。因此，教师在教育教学中，要以积极的心态对待学生，努力做到以人为本。教师要关注学生，以学生为中心，引导他们树立远大理想并为之奋斗，这是教师更新观念的基础。教师可以通过网络自学、校本教研、参与培训等渠道丰富教育思想，更新教育观念。新课程理念下的学生成才观让我们反思：教育不是教学生怎样去面对考试，而是教学生怎样去面对未来。

二、借助网络平台，探索学习方法

多媒体信息进入课堂，促成了学习的平等与资源的共享。农村学校能够借鉴城市发达地区的先进教育教学经验，服务于自己的教育教学活动。各类信息模式为教师的专业发展搭建了学习交流的平台，教师要积极参加网络培训，从培训中探索出适宜自己学生的学习方法。

班主任网络培训，是教师成为合格班主任的加油站。在该网络平台上，教师可以通过相关的案例、视频的学习，矫正自己以往教育的失误，寻求适合自己学生实际的新的工作思路。如活动育人、环境育人等方式。

远程网络教育技术培训，是教师专业发展的摇篮。教师可以通过相关的网络视频，与文本对话、与专家交流、与同事分享成功。通过专家引领、学习总结，逐步探索出适应自己实际的教学模式。不断更新学法，让学生轻松学习、快乐成长。学生学习进步之日，即是教师专业发展之时。

利用信息技术，优化课堂教学。利用信息技术，教师可以自主学习，查阅网上的PPT课件、教案、教学实录等资源，把它们和自己的教学内容结合起来进行学习反思，制定出最佳的教学策略。通过不断的积累与创新，加强制作课件、录制教学视频等能力。教师在制作课件时应把握启发性原则与有效性原则。

三、开展校本、校际教研，促进教师成长

在教学活动中，教师要积极参与校本教研与校际交流活动。提倡一课多上，上出不同的风格；一课多评，评出教学过程的得失。校本教研是教师成长的摇篮，通过广泛交流，达到促进教师专业发展的目的。主要做法是：

校本教研，立足本校实际，集教师群体智慧，提升学校教育教学能力。在集体备课中拓宽教学策略；在听（观摩、示范、公开、优质）课活动中发现教学的不足；在评课活动中扬长补短。通过校本教研，增强教师合作意识，促进教师专业发展，促进学校教育教学能力的提升。

校际教研是校本教研的拓展，是校本教研的有益补充。不同地域、不同学校的教师友好交流，共同进步，不少优秀教师脱颖而出。这不失为教师专业成长的有效途径之一。

总结经验，加强反思。要求教师把所学知识与教学实践进行有机整合。在学习中实践，在实践中加深学习。唯有不断总结反思，才能加快教师专业发展。教师要把握反思的时间及其内容。反思，从时间上看，有教学前的反思，教学中的反思和教学后反思。学前反思，有利于教师备课，做好上课的充分准备；课中反思，有利于教师调整学习策略，提高学生学习效果；课后反思有助于教师集思广益，改进教学方法。反思，从内容上看，有学习目标是否达成，学习方法是否恰当，学习过程是否简捷，情感体验是否实现，等等。通过反思，不断优化教育教学技能，形成独特的、符合自己与学生实际的教学风格。

美国心理学家波斯纳提出了教师成长的公式：成长 = 经验 + 反思。我国的著名教育家叶澜教授也曾说："一个教师写一辈子教案不一定成为名师，如一个教师写三年反思有可能成为名师。"这对教师的专业成长指明了方向。那就是在学习、交流实践中总结经验，加强反思，是促进教师专业发展的有效途径。

教师专业的成长，最终还得落在学习方式的转变上。在教育教学中，教师要学会反思。反思自己是否以积极的心态对待学生，努力做到以人为本。反思自己是否关注学生，以学生为中心，引导他们树立远大理想并为之奋斗。教师还应反思自己是否时时关注好学生；是否关注一切学生，关注学生的一切。教师还要反思自己是否关注学生的不同特点，实施因人施教；是否关注学生的基础，选择恰当的方式，促进学生学习方式的转变；是否关注学生的需要，让他们感受到成功的喜悦；是否关注学生的情感，让他们用积极健康的心态去面对学习。通过积极的反思，找到有益于学生学习的切入点。教师不断促

进专业的发展，才能真正为学生的健康服务。教师要引导学生用积极的心态去面对学习，使其从中体会到学习的快乐。要关注学生的思路，引导他们养成解决问题的良好习惯。

我们对教育应充满自信，对学习要持之以恒。有位哲人说得好："我不能改变天气，但我可以改变心情；我不能事事如意，但我可以事事尽力……"我们相信：以健康的心态去面对教育，教育效果将会达到预期的目标；以严谨求实的精神去面对自己，教师的成长将实现专业化。

第三章　高校课程建设的基本理论

第一节　高校课程建设的新问题

人才是高校发展的第一生产力，师资队伍是高校建设发展的重点。本科教育是我国高等教育的基础与根本，专业建设是人才培养的基本单元和基本平台，学科是专业知识构成的重要领域，课程则是学科专业知识与专业技能训练的重要组成部分，优质课程是高校培养高质量人才的重要保障。

地方高校是我国高等教育的重要组成部分，承担了更多本科教育阶段的人才培养工作，既为国家输送了大量的社会主义建设者和接班人，又为地方经济社会的发展做出了重要贡献。因此，地方高校不仅是我国本科教育的重要基础，而且是我国人才培养的重要领域，但有些地方高校的课程建设显得滞后与老化。

目前课程建设中出现新问题，如高质量课程难以开发利用，转型发展难以推进落实，师资队伍不断流失，人才培养质量难以保障等，规范课程管理，进行课程建设，构建优质课程共享资源是解决地方高校资源短缺的重要途径之一。

一、高校课程建设的新问题成因

党的十九大报告指出，建设教育强国是中华民族伟大复兴的基础工程，也是实现新时代国家战略目标的重要保障，要"优先发展教育事业"。高等教育对国家建设发展的支撑与引领功能比以往任何时候都更紧迫。2018 年 1 月，教育部发布了《普通高等学校本科专业类教学质量国家标准》(以下简称《专业质量国家标准》)，这是我国发布的第一个教学质量国家标准，它是我国本科专业建设的纲领性文件，为地方本科高校的人才培养和课程建设提供行动指南。

高等教育发展水平是一个国家发展水平与发展潜力的重要标志。我国目前高等教育已从大众化阶段向普及化阶段转变，2021 年，全国高等教育毛入学率为 57.8%，说明高等教育已成为我国人民群众的一项基本需求，是提高大众文化水平和国民素质的重要途径。从 1999 年以来高校扩招情况看，部分"985 工程高校"和"211 工程高校"并没有大幅度扩招，而是结合自身发展实际，按照国家政策要求，不断加强自身的条件保障与内涵建设，其师资力量整体得到充分的补充与发展，硬件条件优先得到改善。但部分地方高校或是通过"升格"，或是通过"转型"等方式，不断申请新专业、扩大招生规模，造成地方校内教育资源的极度短缺，特别是高学历、高水平、高职称师资匮乏，新的课程建设质量得不到有效提高，教学条件日渐紧缺，教学方法也得不到真正改进，学校教学质量日渐下滑，人才培养质量得不到保障，影响学校的健康发展。自国家"双一流建设"以来，地方高校的师资队伍建设变得更加艰难，优秀教师不断流失。2016 年，习近平总书记在全国高校思想政治工作会议上明确指出："办好我国高校，办出世界一流大学，必须牢牢抓住全面提高人才培养能力这个核心点，并以此来带动高校其他工作。"2018年初，中共中央、国务院印发了《关于全面深化新时代教师队伍建设改革的意见》，对新时代教师队伍建设做出了顶层设计，是指导我国高等教育加强人才队伍建设的重要依据。

我国地方高校超过两千所，是高等教育的重要组成部分和服务地方经济的重中之重，学科、专业与课程建设是一个完整的有机体，而课程建设是高校人才培养的基本单元和核心步骤，优化高校课程建设应该是地方高校发展重点关注的问题。

二、高校课程建设的新问题具体体现

课程建设是教育教学改革的基础，也是地方院校开展教学的根本出发点。地方高校目前的改革发展总体落后于国家高教改革要求，不能很好地适应区域经济社会发展需求，学科知识总体老化、教学方法一般滞后，课内教学多，课外实践少，特别是师范类教育，学科知识占据教学的重要内容，不能适应市场和社会的变化，课程改革不能很好地适应区域发展的总体要求。其存在问题总体可归纳为以下五个方面：

第一，课程设置整体老化或结构整体比较混乱。高校课程建设应呈现为动态性发展，在学科专业体系内须不断调整优化，要保证专业基础课程，增加专业选修课，提高专业技能课程，不断提高课程的有效性和利用率，以适应社会对人才的需求。因国家高等教育改革迅速，地方高校的师资与条件保障总体较弱，或课程开设不足，或课程改进迟缓，或急功近利开设无关紧要的课程等。凡此既不能保障教育教学的健康运行，又不能有效提高人才的培养质量。

第二，教学改革力量不足，团队合作意识总体不强。学科专业的知识构成与能力培养是一项系统化的工程，它需要优秀的教学团队和科学的管理机制，不断发现和解决教学实践中的新问题，实现课程建设质量的不断提升。当前一些地方高校的课程建设与团队建设结合总体不紧密，协商构建高质量的课程任务、目标不是很理想，教师的团队意识不强，课程建设的进程与质量不能得到保障等。

第三，课程建设中评估不到位，课程实践中监管难以落实。课程建设是一个具有连续性和差异性的逐层推进过程，某一课程建设的程度与质量都需设立有效的评估机制，以保障课程建设质量，对课程进行体系性的管理与控制，监督与考核，特别是对课程建设的细节落实与监督等，推进课程建设和质量提升。

第四，对课程改革建设成果的推广与应用不足。部分地方高校积极申报课程改革项目，做了许多改革性的工作，并在实践中不断总结教学经验，最后将改革成果进行总结和上报，结题之后就不再关注课程改革成果的推广和应用，造成课程资源的浪费和高校课程的重复建设，学校教育教学质量难以真正提高，不但增加了学校的经济负担，而且影响了教师的教学与研究等。

第五，对课程改革资料的积累与教学方法的改进重视不足。部分高校每年都有课程改革项目，一般都在几十项，若逐年累加，应超过几百项，所有课程都应有改革经验。事实上，更多课程改革成果从结题开始就被存放而失去活力效用，而许多基础课、通识课、专业课等在实际教学中都如常，没有改进，教学方法如故，多是增加了 PPT 投影，课程缺少新内容，不能将学科前沿内容及时引入课堂教学，不能启发学生思考等。

可以看出，地方高校在自我发展中要重视课程建设，着力课程资源的开发和利用，改进教学方法，增加教学新内容，创新教学模式，提高课程资源共享程度，提高地方高校有限课程资源的利用率，以适应经济社会发展需要。

三、针对高校课程建设的新问题提出的建议

课程建设需要高水平的师资队伍，但地方高校教师资源有限，特别是高学历、高职称的教师总体短缺，不能满足教学需要，造成课程改革整体落后，教学质量总体水平不高的现状。根据以上问题提出如下五点参考意见：

第一，要重视专业规划，规范课程设置。自改革开放以来，我国共进行了五次专业调整与设置工作（包括 1987 年、1993 年、1998 年、2012 年和 2020 年），目前学科门类由原来的 11 个增至 12 个，新增了艺术学门类；专业类由原来的 73 个增至 93 个；专业由原来的 635 种增至 703 种（其中基本专业 352 种，特设专业 351 种）。每个专业都有明确的培养目标和课程支撑。多数专业课程一般包括专业基础课、通识课和实践技能课等，课时也有相应要求。2018 年的《专业质量国家标准》是地方高校专业建设和课程设置的指南，可以此为据，规范课程设置，优化课程结构。

第二，要重视课程改革，优化课程内容。地方高校发展要有所为有所不为，须结合学校学科建设发展优势，有梯队有层次地推进学科专业发展，增强学校发展动力等。课程建设是学校改革发展的基础与重点，也是构建学校优势与特色的重要载体，连接了学校发展中教师与学生两个主体。地方高校在资源有限的背景下要积极利用地方资源，实

现校地、校企、校政结合，吸引社会力量，创新课程体系，优化课程内容，为地方经济社会发展培养更多高质量的社会主义建设者和接班人。

第三，要重视课程建设质量的考核与评估机制。高校课程改革多以项目方式推进，管理部门要加强对课程改革过程的管理，科学制定考核与评估办法，促进课程改革的规范化管理。要加大对已验收课程的检查与淘汰机制力度，特别是对停滞不前课程的筛选，努力推动课程内容的更新、教学方法的改进、教学质量的提升等。

第四，要重视课程建设的规划性、前瞻性和实践性改革。地方高校目前多数处于转型发展期，要突破传统高校发展模式，让课程成为与地方社会经济对接的重要桥梁，科学规划，创新课程，积极融入区域社会发展，实现高校对地方经济社会的引领作用。

第五，要重视课程建设中的资源共享问题。地方高校一般都有相应的平台建设，可以通过各种现代传媒手段，发挥优秀课程的共享程度，实现有限资源利用的最大化，从而提高人才培养质量，达到课程建设的最终目的。

以上五点是解决地方高校课程建设面临新问题的主要对策。地方高校要有危机意识，积极思考课程建设中出现的课程设置、课程管理、团队意识、过程考核、整体评估和实践应用等问题，优化课程建设的管理体系，搭建课程建设的平台，拓展课程内涵外延，挖掘课程建设价值，发挥课程建设对人才培养质量的支撑与保障作用。

第二节　高校课程建设反思及出路

高校教学的基础是高校课程的建设，本节主要介绍了课程建设的内容、课程建设过程中应注意的问题，对目前我国课程建设中存在的问题进行了反思，试图探索出一条适合我国高等课程建设的路径和发展方向。

高校课程教学设计是高校教学的主要职能之一，教师根据新课改的要求设计高校课程，并且高校课程的合理化设计是人才培养的基础。教师根据大纲的要求合理地设计教学方案，依据学科特点和学生的需求合理规划课程，达到学习目标和学习效果。课程是教师与学生共同的、有计划的学习经验，教师有计划地引导学生发现问题，获取知识和学习经验，帮助教师更好地完成教学任务，学生也能够通过学习经验的积累学会自主学习。

一、课程建设的内容

课程建设是通过师资队伍、课程规划、课程大纲、教材选用、实验室建设五个方面有机结合构成的体系。一般来说，在学校或专业培养人才质量标准稳定的情况下，课程结构和内容是相对稳定的。

要不断地强化教学质量意识，引导教师们树立以教学质量提高教师教学能力发展的观念，对教师进行专业培训，主要是通过体现教师在教育教学中的学习和发展，并且要通过教学实践过程，来反映出教师个人的职业程度和教学管理水平。持续鼓励教师以进取者为标榜，将提高教学质量放在教师工作的首要位置，以教师教学为价值导向，提高教师培训和继续教育服务，教师教学对教学管理的实施起到关键作用，是提高教学质量的决定因素。

要加强教师责任感、师德和教风，把主要精力投入到人才培养和教学工作中，必须做到课前认真备课，教师还要注重教学研究，重视教学内容和方法的改革，并通过教改研究不断提高自己的学术水平和业务水平。要选用先进的、能反映学科发展前沿的相关教材、教辅和课外阅读书目。防止质量低劣的教材进入课堂，在教学活动中应用现代信息技术，是提高本科教学质量的重要手段和措施。

在对教学质量监控过程中要充分响应环境，包括整体规划、政策指导、全程跟踪、进度督察，坚持把教学质量作为长远发展的头等大事来对待，并要当作一个常态进行常抓不懈。为了制订出科学合理且符合本校的课程规划，规划应包括三个方面的内容：①根据实际情况对本课程的现状分析，找出存在的问题，进行梳理。②根据问题，明确建设思路，确定合理建设目标。③制订课程建设方案，围绕着建设目标在师资队伍、课程大纲、教材选用、实验室建设等方面为一个整体统筹考虑，确保建设目标能够实现。

地方高校应根据地方经济建设需要、所在背景行业发展的需要，以及办学过程中所形成的传统和风格，立足地方、面向行业，课程内容应体现应用性和实践性。适当提高选修课的比例，拓宽选修课的领域，提高选修课的质量，充分调动和发挥学生的积极性与主观能动性，把学科甚至是相关交叉学科的新理论、新技术、新应用、新成果、新见解等呈现给学生，以增强学生的兴趣，提高学生的应用能力。

选用合适的教材。教材是根据教学大纲的要求而选定的课本，规定了课程具体内容，它是教师和学生进行教与学的依据。

做好课程的设计，科学规范课程的教学过程，使教师在课程教学中将传授知识、应用知识、探求未知落到实处，而不仅仅是上完课、考完试就完成了教学任务。综合运用先进的教学手段，特别是将信息技术合理地运用于课程教学，应用数字化技术创建学习环境，如提供情境探究、合作学习、交流互动、知识建构等，实现教学方式、学习方式的改革。将积极心理学引入课程教学过程。

加强实践环节的实验室和实践基地的建设。实验室和实习基地是培养学生实际操作与解决问题能力的重要平台，有利于在教学中做到理论与实践相结合，也是理工科课程建设必不可少的重要部分。结合就业岗位需要、教学计划及课程设置来论证实验室建设方案，确保实验室设备适用及建成后的使用率。例如某高校汽车服务工程专业准招人才培养方案，培养应用型技能型人才目标的要求，对实践课程体系和实验内容进行了改革、整合和优化。构建了以"实验教学—课程设计—金工实训、生产、专业实习—毕业论文（设计）"为主线，以学生技能训练、科技创新和学科知识竞赛等活动为辅助的实践教学体系，设置了实验教学模块、专业实习模块、科研训练模块、技术创新模块等四大实践教学模块。另外根据地方经济的发展，在本地围绕汽车行业签署了十几家实习基地，这基本保证了学生实际动手能力的培养。

二、课程建设过程中应注意的问题

课程改革体现在教师的教育教学实践中，最终是以是否培养出合格人才为检验标准的。高等教育课程的改革主要基于未来课程的多样性和丰富性。以网络技术为基础，一方面，全面、扩展、扩大和深化传统课程资源，使学员能够通过互联网深化知识，不断优化课程结构和知识系统；另一方面，在教育中使用网络所代表的信息技术表明，方案改革网络的势头得到加强，从而更清楚地反映了课程内容、学生学习的方式、教师和教师的教学方法，为学生互动方式的转变提供了一个更加放松的环境和强大的工具。同时，对于课程的改革，应及时地进行普及，这就需要对教师进行新课程培训，教师对于新课程相关的知识、技能和理念急需"充电"。所以，要通过各种手段、采取各种办法加强教师的培训和人才引进。

处理好课程建设与现状之间的矛盾。课程之所以要建设是因为优质课程还有各种各样的差距，比如师资队伍、教学条件、教学方法、实验条件等，其实这些问题多数与资金投入有关。要想解决好这些矛盾，首先应根据现状制订出科学合理的课程建设规划，其次对学校介绍规划取得学校的认可和支持，再次课程负责人要按照规划的步骤和要求认真组织实施。

处理好课程大纲与教材之间的关系。课程教学大纲是落实教学计划和实现人才培养目标的教学文件，课程大纲是根据人才培养方案而制定的，是教师编写讲义和选用教材的重要依据。教学大纲的优劣对于教材的选用会产生影响，进而对整体教学质量产生影响，因此各学校应根据实际情况统一要求，严格控制教学大纲的质量。在教师编写讲义和选用教材方面必须按照课程大纲的基本要求编写和选用的原则，要遵循适用性、择优性的原则。只有按大纲选用教材，才能提高教学质量，保障人才培养目标的实现。

建设好课程评价标准。课程评价是根据课程实施过程中的可能性、有效性，做出判断的过程，它包含两个方面：一是对教学的计划与组织的判断，二是对学生成绩的判断。课程评价是围绕课程建设目标制定的，起着导向作用；根据课程评价所收集的信息，对课程建设过程中发现的问题做出正确的判断并及时解决与调整，从而保证课程建设顺利有效进行，同时也为课程改革的决策、学校行政规程的决策提供依据。网上课程不同于传统的课堂教学，除了要求高校教授基本的专业素质外，还规定了更严格的要求。首先，教师有义务改变他们的观念，交换角色，在学生和教师之间建立民主和谐的关系，并成为学生学习的领导者、评估者和参与者。第二项措施是要求教师掌握信息技术并提高他们对信息的掌握。教师必须提高教育技术、信息技术等方面的知识比例，提高获取、储存、处理和选择信息的能力，并更新信息创造。因此，他们有一定的方案发展能力，同时提供专业知识。加强专业教师和技术开发人员之间的深入合作和互补优势，让专业人员与技术技艺挂钩，让技术获得专业精神。

三、课程建设突出创新实践能力的途径

（一）整合完善创新实践课程体系建设

目前，我国部分高校还没有形成一套完整的关于创新实践课程的体系，存在教学目标不明确、教学内容不完善等问题。许多高校大多借鉴与课程目标相似的书籍来指导学生，导致授课内容的针对性不够。由于没有规范统一的授课标准，导致课程的碎片化、不系统。同时，各高校之间没有形成统一的课程体系，缺少联系性，彼此的互动交流机会少。

因此，整合完善创新实践课程体系建设是高校开展教育工作首先要解决的问题。课程体系建设首先要从教学计划、教学大纲和教材这三个方面入手。高校要制定明确的培养目标和学业标准，要以提高创新能力为目标，培养较强的理论分析和实践研究的能力，能创造性地解决本专业的实际问题，进而在教学理念、课程设置、教学实践中得到体现。需要完成教学计划确立的新科目、新课型的教学大纲编写和对行为教学内容改变而引起的对原有大纲的修改。需要制定适合于创新实践能力课程的教材，让培养计划更具针对性。

（二）教学方式的设计

1. 教学中注重理论联系实际

教师授课时应当摒弃传统的、陈旧的知识型讲课模式，不依赖于教材，取而代之的是以学科前沿理论动态、当下专业热点问题和最新的科研成果为立足点，多引用实际的案例启发学生思考，全面性地、针对性地扩展课堂教学，来提高课程的趣味性。引入相近学科或不同学科的交叉学习，为日后学生进行科研学习和创新实践计划打下基础。设置小组，针对研究性和讨论性的课题，鼓励组内学生协同合作，多提出创新点。其次，还要鼓励教师到企业中去锻炼学习，提升教师的专业素养，丰富自身的实践经验，掌握前沿的专业知识，在授课时可以引用来增加课堂的生动性。

2. 变革创新教学方法

教师可以要求学生阅读文献，并做成 PPT，在课堂上展示。同时，小组内同学可以

积极提问发言，教师积极引导互动讨论环节。在一个班上的同学，他们的理解能力、外语水平、勤奋程度参差不齐，对于同样的知识的接受能力是不一样的，所以，高校应当十分注重师生的交流。上课前，教师应当充分了解学情，做到因材施教，学生先要做好预习，及时了解授课内容。教师在课后及时了解学生对本堂课的掌握情况，了解学生的需求，对后期教师的授课起到指导作用，达到更优的教学效果。还可以鼓励教师联合开设课程，使课程体现知识的交叉性和综合化特点。

（三）深化升级产教融合

国内高校虽然也提出了教学过程中要理论与实践相结合，但理论知识占比太多而且深度不够，据不完全统计，高校内专业课和公共课就已经占据了课程的80%，这完全达不到培养计划中关于实践环节的学时，导致学生实践能力得不到锻炼。因此，高校要打造校园内的实训平台、科研基地、实验室等场地来供学生实现教学内容和自主开展实践活动的需要。同时，高校也可以开展讲座，引入企业中的成功人士，为学生介绍企业的发展情况，提高学生对企业的兴趣。

（四）完善课程评价方式

高校应当完善课程评价方法。首先，在考核评价中，重点不仅仅是考查知识的记忆，还要看到学生对知识应用能力和技能的创新实践能力，在期末考试中除了平时成绩和闭卷考试，也要加入实训或者实习的分数，让学生不能一味地追求试卷上的高分数，在实践应用中也要取得高分数。其次，应当将评价方法多元化，采用小组讨论、方案设计、实训考核、在线测试等多种评价形式相结合的考核方式进行，力求评价理念、评价方法、评价手段多元化，突出学生的主体地位，更能发挥好学生的主动性和积极性。

提高创新实践能力是新时代人才培养的重要任务，培养创新实践能力首先应落实在课程建设改革上，通过课程建设一系列的改进举措来不断提高石油与天然气类研究生的教学质量和人才培养质量，以达到研究生创新实践能力培养的新目标和新要求。本节研究的课程建设突出创新能力的途径可为高等院校教学改革提供一定示范作用，也为高校修改、完善相关教学管理制度提供决策支持和应用型人才培养的参考。创新实践能力的课程建设不可能一蹴而就，而是一个不断完善的过程，既需要高校的重视和支持，也需要全体师生的共同努力，改革和建设的成果必将为本校其他专业提供丰富的经验和重要的参考与借鉴，从而促进全校不同专业课程的建设。

第三节 高校课程建设与人才培养模式改革

在高等教育大众化的政策背景下，教育规模逐渐扩大，高等教育逐步迈进高质量、增效益的发展阶段。地方高校转型发展要经历理念、学科专业、人才培养模式和课程体系的转型。其中，课程体系转型的核心环节之一——地方转型高校以应用型人才为培养目标，并围绕这个目标着力进行课程改革。不同产业、层次和岗位需要不同类型的应用型人才，有的偏重基础理论知识，有的偏重实践技能，高等学校应根据市场对人才需求的客观性，在现有教学资源的基础上，对人才实施分类培养。

一、应用型人才分类培养的内涵及意义

（一）应用型人才分类培养的内涵

根据学历层次、专业领域、教育背景等标准的不同，人才可分为学术型人才和应用型人才。一般来说，学术型人才倾向于将科学领域中的客观规律转化成科学原理，而应用型人才则致力于将科学原理应用到与生活密切相关的生产实践中并为社会谋取福利。从这一点可知，社会上多数的人才均为应用型人才。而应用型人才也分为不同层次和类型，按照其在生产生活中解决问题的复杂程度和创新程度，可以分为工程型人才、技术型人才和技能型人才。工程型人才依据其所掌握的专业理论知识将科学原理转化为设计方案；技术型人才负责产品的开发、经营决策，并将设计方案转化为产品；技能型人才主要凭借自身娴熟的操作技能完成产品的制作。由于这三种不同类型的应用型人才在素质、知识和能力方面存在差异，在人才培养上也各具特色。

（二）应用型人才分类培养的意义

1. 地方经济社会发展的需要

随着地方经济的快速发展，转型高校的人才培养与社会需求之间存在脱节现象，与市场经济不相协调。经济社会的发展既对学术型人才产生需求，还需要更多具有专长的应用型人才。对应用型人才实施分类培养，有利于加快专业转型，适时建立与区域经济社会发展和产业转型相适应的人才培养方式，也只有将人才培养和区域经济社会发展与产业转型升级相融合，才能培养出真正学以致用的应用型人才。

2. 基于学生就业的客观需要

随着教育迈进大众化教育阶段，转型高校的人才评价体系也呈现多元化，市场对人才培养标准提出了新的要求。对应用型人才实施分类培养，直接与市场和行业相对接，将提高应用型人才的就业竞争力，这也是实现高等教育大众化由规模扩张向质量提升的必然选择。

3. 有利于学生个性化发展

在分类培养的过程中，学生根据对本行业的工作岗位、发展方向的了解，进一步规划自己未来的职业发展路线，这将有利于促进提升学生的专业兴趣，从而激发其学习热情。同时，分类培养的方式将赋予学生更多的选择权，自主选定专业方向、自主选课，这种个性化的课程体系将充分满足学生的个性化发展需求。

4．转型高校人才培养的目标定位

从整体看，我国大学本科教育是特定学科的"专业主义"和"职业主义"的混合物。转型高校人才培养目标的定位是关乎其生存与发展的关键问题，只有科学定位并建立与之相适应的人才培养目标，才能充分发挥其优势，有效利用教育资源，避免无序竞争，从而提升教育资源的整体利用率，培养真正适应社会发展的人才。对应用型人才进行分类培养，将有助于转型高校在科学定位的基础上充分发挥已有优势，对学生因材施教，使学生的理论知识、实践能力和创新能力得到进一步提升。

二、转型高校课程设置应遵循的原则

课程在广义上指培养计划或课程体系，由此课程改革中最重要的两方面是课程体系设置与教学方法改革，而这两方面都需以人才培养目标作为根本出发点。转型高校在进行课程设置时应遵循以下原则：

一是整体性与导向性原则。应用技术型本科院校的课程设置是一个系统，由各类知识、能力与实践联系、配合而成，通过不同的知识、能力与实践的有机整合，组成一套课程设置模式。转型高校的学科结构应遵循整体性原则，要结合学校的整体实际进行规划。随着国家高考制度的改革，招考模式逐渐呈多元化趋势发展，生源也相应呈现出多元化特征，因此有必要对不同背景的学生分类培养，因材施教，针对不同生源构建不同的人才培养方案。

二是实践性与应用性原则。转型高校的课程设置应围绕技术应用和技术实践，通过课程的学习，使学生将所学知识应用到具体的生产生活实践中。因此，分类培养需要正确处理好理论与实践的关系，协调好知识传播、能力培养和素养提升之间的关系。在学好理论知识的前提下，注重加强对学生职业素养的培养，利用校企合作平台加强对学生职业能力的培养，强化学生的品格修养、职业道德、沟通能力和责任意识。

三是时代性与适应性原则。科学技术的发展带来了理论的更新和方法的变革，客观上为转型高校在课程设置上提供了最新研究成果和社会实践中的前沿技术，同时也对转型高校的课程设置提出了新的更高的要求，因此，转型高校要适时开发新课程，根据经济发展需求和区域发展特色灵活设置课程，使其更好地服务地方经济。

三、转型高校课程建设的现实局限性

转型高校的重要任务是为社会培养专门人才，由于人才培养的目标不同，培养模式和课程设置也不相同。随着转型的纵深推进，以下现实局限性逐渐凸显出来。

（一）课程设计理念与执行力的差距

当前，转型高校在课程设计中过于注重对学生进行知识的传授，而忽视了对学生未来职业素养和职业能力的培养。这种现象不仅存在于理论课中，在实践课中同样存在，这将严重制约学生自主学习能力、技术应用能力和创新能力的培养。同时，在执行层面，由于受到实验实践环节经费的限制，只能使用相对落后的设备，这将难以满足技术发展的需求，最终培养出的学生尽管理论基础扎实，但综合能力和素质明显欠缺。

（二）课程体系之间存在冲突

课程体系的作用是解决两方面问题：一是实现培养目标所需要的课程内容，二是各课程间在内容上的配合与衔接。目前，转型高校的课程体系过于强调理论课的学习，重理论轻实践，在课时安排上严重多于实践学时，通识课在不同专业之间无明显差别。这种课程体系设计导致学生将更多时间和精力投入到理论知识的学习中，缩减了实践时间和实践机会，学生解决相关问题与实际操作的能力很难得到提升。

（三）课程教学方法较为单一

当前转型高校的课堂教学方法多以讲授为主，较少采用案例或讨论等其他教学方法，教师与学生缺少交流和互动，以教师为中心，学生在课堂中的参与度较低，以至于学生认为课程所授内容与现实太远，学习积极性不高，难以达到良好的教学效果。

（四）课程考核方式与应用结合不够

目前转型高校的课程考核方式较为单一，多以闭卷、开卷考试或提交论文、报告等形式作为核定成绩的依据。这种过于注重理论知识考核的方式难以真实反映学生对所学知识的掌握情况，一方面，缺乏全面、客观考核学生知识应用能力的方法；另一方面，也忽略了对学生技术应用能力和创新能力的考核。

（五）教学团队实践经验不足

转型高校的教学团队中缺乏"双师型"教师，很多教师都没有企业工作经验，同时也缺乏操作工程实践课题的经验，这就导致了教学团队中实践经验和实践技术能力普遍不高，难以承担培养各类技能型人才的重任。

四、转型高校课程建设的改革策略

（一）重构课程考核标准，注重应用能力的考核

改革分类培养的课程教学模式，对于考核体系的改革是不可或缺的，因为关乎课程教学的整体质量。教学过程能否达到教学目标和预期效果，都需要通过对课程的考核来实现。在分类培养模式下考核方式也要进行分类，由此，在设计考核环节时要注意区分

不同的类别，针对不同类别的培养模式制定不同侧重的考核指标。此外，还要注重对学习过程的多阶段考核。单一的考核方式难以提高学生对课程的重视程度，教师的备课也难以做到必要充分，课程取得的收益难以实现最大化。这就要求设计科学合理的考核机制，注重过程考核，如对学生出勤的考核、布置课堂作业和考察课堂表现等。

（二）优化师资队伍，提高教师实践能力

首先，转型高校要培养"双师型"教师，不断提高教师的实践能力，还应多鼓励教师参与企业横向课题的研究，多到企业进行调研和参加企业的培训，逐渐丰富行业工作经验。其次，聘任企业的工程师或技术人员到高校授课，还可通过校企合作建立实践教学基地。最后，要强化教师培训，鼓励新任教师进修，组织教学竞赛，评选示范课程，并制定奖励机制。教师培训要超越学科知识的范畴，不能局限于课程改革本身，应立足于课程培训激发教师的课程意识，努力提高教师的教学素养和实践能力，让教师积极主动地参与到课程改革中，成为促进转型高校课程建设实质性变革的动力。

（三）文理渗透，培养创新精神

创新人才培养的重要前提是学生创新精神的培养。任何创新都需要科学求真的执着探究精神，永不言败的探究品质，但同时尊重生命、追求善美、关怀社会、甘于奉献、尊重伦理的人文精神也至关重要。所以，创新型人才培养不能只注重学生科技精神以及科技能力，还必须发展学生的人文精神和人文才能。

总之，转型高校分类培养目标下的课程建设还面临很多问题和挑战，但分类培养目标是转型高校面临新时期挑战的生存与发展之道。厘清课程目标，调整课程内容，创新教学方式，重构课程考核标准，优化师资队伍，建立与分类培养目标相适应的新型课程教学模式，培养适应社会需求的高素质人才，是高校转型发展的必经历程，也是其提高竞争实力的有力助推器。

第四节　基于完全学分制的高校课程建设

当前，我国正处于经济发展新常态的关键时期，同时面临着新一轮全球化、知识经济发展浪潮的挑战以及更加激烈的国际地缘经济和政治的竞争。实现民族伟大复兴的中国梦、赢得国际竞争战略主动权的关键，是全面提高国家和民族创新的核心竞争力。而这需要大量具有较强创新意识和创新能力的高素质人才。因此，我国高等教育事业要以培养创新型人才作为深化综合改革的首要战略目标。

人才培养目标的实现，不仅需要科学的人才培养机制作为载体，而且需要相应的教育教学管理制度作为保障。从国外高等教育的发展历程和成功经验看，学分制是高度契

合创新型人才培养社会需求的一种科学的教学管理制度和人才培养机制，也是发达国家高等教育普遍采用的教学管理制度和人才培养机制。自全面改革开放以来，我国高等教育也逐步由传统的学年制向学分制渐进改革，其间经历了恢复发展、徘徊停滞、全面推广、暂停反思、全面施行与深化改革等五个历史发展阶段。《国家中长期教育改革和发展规划纲要（2010—2020 年）》（以下简称《纲要》）已将学分制的实行作为我国高等教育未来深化综合改革的重要内容之一，明确提出要"推进和完善学分制，实行弹性学制，促进文理交融。深化教育体制改革……核心是改革人才培养体制……尊重个人选择，鼓励个性发展，不拘一格培养人才"。因此，系统总结我国高等教育学分制渐进改革的过程以及相应的经验教训，梳理当前学分制运行过程中面临的难点和困境，借鉴国外发达国家高等教育实施学分制的成功经验，对全面贯彻落实《纲要》精神、完善我国高等教育实施的学分制、培养创新型高素质人才具有重要的现实意义。

一、学分制的内涵和制度体系

（一）内涵

综合世界各国在学分制相关理论研究和实践方面取得的成果可以发现，学分制作为一种教学管理制度，是人才培养机制的重要组成部分。从狭义的角度看，学分制的基本内涵是以学生取得的学分数作为衡量其学业完成情况的基本依据，并据以进行相关的管理工作。通常，学分制原则上不做修业年限的规定，学生修读任何课程只要成绩及格即取得规定的学分数，不同课程的每 1 学分对应的价值相等；将学生取得的不同课程的学分数总计即为总学分数，学生只要取得规定的总学分数即准予毕业。

（二）制度体系

从广义的角度看，学分制是一个复杂的制度体系，除了以狭义的学分制为核心之外，还包括弹性学制、选修制、绩点制、导师制、多头循环的课程安排机制和其他配套支持制度等。

1. 狭义的学分制

学分是衡量学生学习量的基本单位，也是学生学习某一特定课程成绩合格的证明。为了便于计算学生获得学位所需要的学习量，以及在学生转换学校或专业时判断之前的学习量，逐渐形成了一种统一衡量学习量的标准单位，即学分。可见，狭义的学分最初是为了配合选课制而产生的，解决了学生选修不同科目、门数课程学习量的统一计量问题。

2. 弹性学制

所谓弹性学制，就是大学对学习期限不做严格的限定，学生可以根据自己的兴趣、爱好、时间等安排个人的学习计划，只要修满规定的学分即可毕业，具体修业年限可以根据个人修读学分情况缩短或延长，甚至可以中途中断学业去打工和创业。

3. 选修制

学分制是随着选修制度的发展完善而产生的。所谓选修制，就是允许学生自主选择所学的学科、专业和课程，又称为选课制、选科制。选修制经历了从只允许自主选修课程到进一步允许自主选择专业的发展过程。可见，选课制是学分制的核心和关键。在课程选修方面，主要有自由选修、半开放式选修、主辅课程并行选修和分组选修等多种模式。目前，欧美国家高校主流的课程选修模式是分组选修。

4. 绩点制

所谓绩点制，实质上是一种兼顾评估学生学业成绩和学习质量的评价标准制度。通常，高校实施的绩点制除了规定每门课程成绩的权重系数之外，还规定按照绩点制计算的学生学业成绩，包括课程绩点、学年平均绩点和总绩点三类。其中，课程绩点就是每门课程的实际成绩乘以相应的权重系数计算出的分数；学年平均绩点是指学生每学年所学课程的平均绩点分数；总绩点是指按照权重系数对学生全学程的学业成绩进行综合计算得出的毕业成绩点分数。

5. 导师制

所谓导师制，就是实施学分制的高校规定各学院为本科生安排指导教师的制度。其目的是减少学生在选择专业和课程时的盲目性以及避难就轻的不良倾向，帮助学生根据自身的实际情况科学地选择专业和优选课程，从而形成合理的知识结构体系。通常，本科生一进入大学，所在学院就会为其配备一名指导教师，以帮助其随时了解所要学习专业的特点、发展动态和社会需求，以及专业知识结构体系与选修课程之间的联系。例如，美国高校的本科生导师可以由教授、副教授和讲师担任，每位教师指导的学生数为10～20名。同时，近年来，美国的一些高校开始要求本科生每学期都必须在咨询指导教师并获得认可后才可以选课。

6. 多头循环的课程安排机制

为了保障学分制的全面实施，还需要建立多头循环的课程安排机制，每门课程要安排不少于2名的教师在不同的时间段开设同步的课程，甚至在一个学期内每门课程可以安排多次循环开课，以尽量避免学生因选课时间与排课时间对接不上而选不到希望选修的课程，从而使每名学生都能选到自己希望学习的课程。

7. 其他配套的支持制度

学分制的全面实施还需要建立一系列配套的支持制度，包括课程重修制度、校际间的学分互认和互换制度、高度信息化的学籍管理制度、自主灵活的招生和毕业制度、以学分为计费单位的收费制度、图书馆等学习资源的开放制度以及餐饮和住宿制度等。其中，学分互认制度应涵盖中学与大学之间、各大学之间的学分互认。

二、推动我国高校实施完全学分制的思路和建议措施

（一）宏观方面

1. 更新教育理念

我国传统的教育理念侧重于对学生进行知识传授和德育教化，而忽视对学生独立人格、自主精神和创新意识的培养。中华人民共和国成立以后，我国的经济社会经历了波折发展过程，国家对高等教育的投入严重落后于大众受教育的需求，尤其是我国人口的快速增长更加剧了优质高等教育资源的稀缺，进而造成了初中等教育长久以来始终无法冲破应试教育的藩篱。由于个体的个性发展和自主独立能力的培养必须从早期教育开始着手，在中等教育阶段基本完成，所以可以说应试教育进一步弱化了学生的个性发展和自主独立能力的培养，从而使大学新生缺乏完全学分制所要求的基本的独立自主能力，进而导致完全学分制无法全面实施。因此，要推动我国高校实施完全学分制，不仅高校需要转变教育思想观念，而且全社会都要不断更新教育观念，从而在各个教育阶段都真正树立起"在传授知识和开展德育教化的同时，更注重发展学生的个性以及培养学生的自主和独立精神"的教育思想观念。

2. 完善法律基础，扩大高校办学自主权

基于扩大高校办学自主权，适时修改我国的高等教育法，为推行完全学分制奠定完善的法律基础。首先，取消对高等教育修业年限的严格限制，从法律的角度使完全学分制取代学年制成为可能。其次，放宽国家在高校的专业设置、招生录取、学费收取、毕业证书发放等方面的限制或审批政策，以推荐或指导性标准或方案取代现行的行政规定，从而使高校能够根据自己的定位和特色以及学生修读学分的实际情况自行决定办学过程中遇到的具体事项，真正拥有办学自主权。最后，教育行政主管部门可以委托独立的第三方评估机构按照推荐或指导性标准或方案对高等院校的办学情况进行监督和评价，并向社会公开评估结果，从而科学地引导高校的办学方向和考生的报考，以及促进高校办学水平和管理水平的不断提高。

3. 改革高等教育的财政投入机制

改革高等教育的财政投入机制，逐步以经常项目预算制的拨款方式代替现行的以人头为基数的年度拨款方式。国家首先应根据各高校的总体办学规模以及运行和管理的项目核定教育经费基数，然后根据年度预算数并结合财政增收、年度物价指数等确定各高校每年具体的教育经费拨款数额；其次要建立鼓励社会力量投资和捐助高等教育事业的机制，例如可以结合非营利机构的财务管理法规政策的调整，强制该类机构每年按一定比例将收入的一部分捐助给所在地的高校。这也是发达国家对非营利机构普遍实施的一种财务管理政策，值得我国认真借鉴。

4.完善人事录用和户籍办理等相关配套政策

我国应建立和完善与完全学分制相适应的人事录用和户籍办理等相关配套政策。首先，各级各类人事管理部门要打破长期沿袭的在固定期限内录用大学毕业生和办理相关人事手续的惯例，建立根据用人单位的需要和大学毕业生的实际毕业时间随时、灵活办理毕业派遣等人事录用手续的规章制度。其次，公安部门也应为大学生的入学、毕业离校等建立随时办理相关的户籍转入、转出手续的窗口或服务平台。比较理想的是逐步实施国民待遇政策，首先针对具有本科以上学历的大学毕业生全面取消城乡、地域隔离的户籍政策，使大学毕业生到任何地方就学、就业时只要拥有合法的公民身份且按期缴纳有关费用即可以享受当地的居住、社会保障、医疗保险等政策。

5.统筹建设高校之间学分互换和互认以及转学和转专业等制度

目前，我国高校之间仍相对封闭，校际间的互换学分、转学和转专业等仍难以实现。这也阻碍了完全学分制的实施。因此，政府教育主管部门应在兼顾教育公平和社会公平的前提下，结合完全学分制的内涵，对不同高校之间学分互认、互换以及转学的制度政策等进行统筹、协调和规范。

（二）微观方面

1.尽快实施大类招生

完全学分制最为关键的机制就是允许学生自由选择专业和课程。鉴于我国高等教育在现阶段无论是从宏观方面还是从微观方面尚难以实现自由选择专业，所以建议可以先按照我国现有的学科专业目录，通过科学整合对各高校相近或相关专业进行大类合并，并尽快在目前试点探索的基础上进一步扩大招生的范围，加快全面实施大类招生的步伐，从而为实施完全学分制创造条件。通过大类招生入学后，大学新生在一、二年级主要学习通识、人文社科、自然科学等方面的基础科目，然后在对专业及其社会需求有了更加成熟和稳定的认知之后，学生可以在大学二年级之后结合自身的兴趣爱好进行专业选择，并开始专业知识的学习。

2.科学构建教师业绩考核指标体系，提高教学工作在业绩考核体系中的地位和所占权重

高等院校虽然也承担着科学研究、社会服务的使命和任务，但是人才培养始终应是高等院校的首要职责，是最为基本和核心的任务。因此，高等院校对教师工作业绩的考核应改变当前以科研成果作为重要指标而把教学业绩作为结构性的否定性指标的情况，把教师的教学水平、教学质量和教学效果以及对教学工作的投入作为考核的重点，并在教师业绩考核指标体系中赋予教学业绩指标较高的权重；同时，将教师业绩考核指标作为各种待遇和荣誉评定的关键绩效指标。只有这样，才能引导广大高校教师将更多的时间和精力持续地投入到教学工作中去，重视课程教学质量的提高；才能有教师愿意多开

选修课，多开学科前沿和交叉学科的课程，以满足完全学分制对选修课数量和质量的要求以及学生对选修课的多样化需求。

3. 加强教学管理队伍的建设

实施完全学分制以及与之相应的自由选修制、弹性学制、灵活的专业转换机制和学分互认互换制等，不仅会使高校的教学管理工作量大幅增加，而且会使教学运行管理工作更具复杂性、政策性和专业性。这也势必对高校教学管理队伍的整体素质提出更高的要求。因此，我国高校应针对教学管理队伍普遍存在的人员编制不足、业务素质不高的问题，加强教学管理队伍的建设。

首先，要强化校级教学管理机构的设置，把教务处下设的负责教学运行和管理的有关科室升格、扩充为直属学校的教学运行管理中心；同时，增加学院一级专职教学管理人员的职数，为各系和教研室至少配备一名专职的教学秘书。

其次，要明确教学运行管理岗位专职人员聘任条件，从专业水平和业务素质两个方面提高岗位入职的要求，例如明确规定新入职人员应该具有教育学专业背景或者教学经历；同时，要切实提升教学运行管理岗位专职人员的职级待遇和岗位发展空间，增强岗位对高素质管理人才的吸引力。

最后，要对在岗的教学管理人员开展定期、不定期的教育学和管理学方面的专业培训，以及在每学期组织 1 ~ 2 次的内部交流与研讨，除了针对实际工作中遇到的问题开展讨论之外，还可以对学分制的有关理论和实践、与教学管理有关的技术文件等进行学习和交流。

4. 加大教学运行管理和服务保障软硬件条件的建设力度

完全学分制的实施将使学生不再固定于某一专业、年级和班级，而且每名学生所选的课程也千差万别。这就要求高校必须建立高度信息化的学籍和成绩信息管理系统，为每名学生建立包括学籍情况、所修课程及其成绩等内容的独立且详细的信息档案，并能供学生随时查询。同时，完全学分制的实施将使学生的学习和作息时间高度差异化，这就要求高校必须提供全方位的学习保障条件。例如，图书馆 24 小时全天候开放，并且所提供的学习资源能够满足学生的需求；同时，每所高校至少要有一个提供 24 小时服务的食堂等。然而，目前我国高校尚不完全具备适应完全学分制需要的教学运行管理和服务保障软硬件条件和环境。因此，大多数高校还需在建设便捷高效的学籍、课程、学分信息查询系统以及各种教学运行管理信息的通知发布系统、学生选课的咨询服务系统、丰富的数字化文献资料系统、学习材料的打印复印系统、自习设施条件保障系统等方面加大投入力度。

第五节 一流学科发展视域下高校课程建设

课程是一所大学科研与教学综合水平的体现，是培养人才的主渠道，是高校做好人才建设工作的关键环节。在发展一流学科的宏观背景下，做好高校的课程建设工作既是高校实现内涵式发展的刚性需求，也是回应时代发展的外在诉求。但是，受惯性思维的影响，不少高校在课程建设理念、课程结构体系和课程评价机制等方面依然存在问题，给一流学科的建设工作带来不小的影响。高校需要在"一流学科"发展视域下更新课程建设理念，重构课程结构体系，改革课程评价机制，做好优质的本科课程建设工作，实现我国高等院校内涵式发展、跨越式发展。

2015年10月24日，为了加快我国高等教育的建设工作，国务院印发《统筹推进世界一流大学和一流学科建设总体方案的通知》（以下简称为"双一流"建设方案），方案中明确提出"建设一批进入世界一流行列或前列的学科"。这是新时代我国高等教育实现内涵式发展、跨越式发展的指导性文件。课程教学是高校人才培养的主要方式，没有一流的课程，"双一流"建设方案的开展将举步维艰。想做好一流学科的建设工作就必须思考如何做好优质的本科课程建设工作。

一、课程建设：一流学科发展的必然诉求

作为高校人才培养模式的核心要素，围绕大学课程建设的相关研究不胜枚举。早在20世纪50年代，钱穆先生就曾指出"现代的大学教育是以课程为中心的教育"。布鲁贝克也指出，"作为现代社会的思想库，大学的思想主要依靠课程传递"。从某种程度上来说，课程是一所大学科研与教学综合水平的体现，是培养人才的主渠道和主阵地，是高校做好人才建设工作的关键环节。在发展一流学科的宏观背景下，做好高校的课程建设工作既是高校实现内涵式发展的刚性需求，也是回应时代发展的外在诉求。

（一）回应新时代高校内涵式发展的必然诉求

"当今世界正面临百年未有之大变局"，技术革新层出不穷，社会变革步伐加快，中国特色社会主义进入了新时代，社会主要矛盾发生了重大变化。为人民群众提供优质教育以满足"人民日益增长的美好生活需要"，是当前高校的重要任务。高校应如何为人民群众提供优质的教育？首先需要创新人才培养模式，而创新人才培养模式的着力点在于做好高校的专业建设与课程建设工作。课程是高校为学生提供的最基本的服务，是做好高校人才培养工作的重要支撑，也是高校提升人才培养质量的关键切入点。高校应结合自身定位做好课程建设工作，通过科研与教学的融合、产业与教学的融合提升人才培

养的质量，回应新时代高校内涵式发展的时代诉求。

（二）创新高校人才培养模式的必然诉求

国务院下发的"双一流"建设方案对高校提出的一项重要任务就是培养适应时代发展需要的创新型人才。建设一流的大学、一流的学科，其根本目的都是实现一流的人才培养。做好课程建设工作是创新高校人才培养模式，实现一流人才培养的必然要求。高校应该意识到，课程是高校为学生提供的最基本的服务，做好课程建设工作是回应一流大学专业建设的重要途径。高校要通过变革教学方式，将培养新时代社会主义事业建设者的理念深深融入课程教学中，重构教育理念，以"厚基础、宽口径"的人才培养思路做好课程建设工作，实现人才培养工作的跨越式发展。

（三）稳步推进"双一流"建设工作的必然诉求

自 2015 年发布"双一流"建设方案以来，国家高度重视高校的"分类发展、分类管理和分类考核"，通过一系列措施促进高等院校发展。2017 年 10 月，习近平总书记在十九大报告中明确提出"要加快一流的大学和一流学科建设，实现高等教育内涵式发展"。课程是高校开展教育工作的着力点，高质量的课程体现着一所高校的教学理念与科研实力。一流的大学需要一流的学科，一流的学科必然要求一流课程的支持。因此，做好高校的课程建设工作是稳步推进"双一流"建设工作的必然要求，也是"双一流"建设背景下高校课程变革的根本动因。

二、"双一流"背景下高校课程建设的问题审视

当前，全国各地高校在"双一流"建设方案的指导下开展了有声有色的课程改革工作，为提升高等教育的人才培养质量做出了巨大贡献。但是，受惯性思维的影响，不少高校在课程建设理念、课程结构体系和课程评价机制等方面依然存在问题，给一流学科的建设工作带来不小的影响。

（一）课程建设理念滞后

在"双一流"建设方案的指导下，各地高校依托办学特色开展了各式各样的人才培养改革方案。但部分高校的课程建设理念滞后，并没有彻底扭转课程建设中重理论、轻实践，重课内、轻课外，重育才、轻育人的现象。

首先，课程建设重理论、轻实践是指高校的课程教学中过于重视理论讲授，忽视实践教学环节。无论是在教学方案的制订、教材的选购、教师的授课上，还是教务处牵头进行的教学质量监控上，不少高校依然沿袭传统的"重理论讲授，轻实践教学"的课程建设理念，在理论课程上的把关极为严格，而对实践教学的管理重视不够。其次，课程建设重课内、轻课外主要表现为高校高度重视课堂教学质量，重视课题教学个性，重视

教师在课堂上的表现，但对课外实践活动的重视度不够，部分高校甚至忽视课外实践教学环节，这是不利于全面培养学生的实践动手能力的。最后，重育才、轻育人表现为不少高校的课堂教学环节只重视知识的传授，忽视对学生品德的培养。

（二）课程结构体系失调

保障高校人才培养质量的关键在于设置科学合理的课程结构与完整的课程体系。当前，部分高校虽然开展了形式多样的课程改革，但在课程结构体系上依然与"双一流"的要求存在差距，主要表现为以下两方面：

部分高校的专业课程多，通识课程少。以专业知识为支撑、满足社会对相关职业需求为导向的专业课程历来是高校重点关注的课程内容，在课程体系中占有相当大的比重。通识课程则是为了拓宽学生的知识面，提升学生的人文科学素养而开设的课程，如上海大学的"大国方略"系列通识课程是在聚合了多门学科知识的基础上，为培养高素质复合型人才而开设的课程，讲课人均为上海大学知名的专家与学者。但是，目前不少高校并没有像上海大学那样重视通识课程的开设，没有形成具有办学特色的通识课程体系，大多数通识课程以选修课的形式开展，考核简单。

部分高校的显性课程多，隐性课程少。显性课程是指学校正式开设的课程，无论学校、教师还是学生均高度重视。显性课程有明确的课程目标、教学计划、课程考核方案，也有与之配套的教材，是学校课程建设的主体。隐性课程则是伴随正式课程，以讲座、实践活动、校园文化建设等形式出现的正式课程体系之外的课程。这些课程看似没有正式的课表，也没有固定的课程教学实践，却在校风学风建设中起着非常重要的作用，并在潜移默化中深刻地影响着学生的精神世界，对高校的学生德育工作有着非常重要的意义。然而，在部分高校，隐性课程的教学实效并没有得到应有的重视，隐性课程在育人上的作用并没有得到充分的体现。

（三）课程评价机制同质化

科学的课程评价机制对课程建设起着导向和控制作用，是做好课程建设的重要环节。但是，目前，不少高校的课程评价机制同质化现象较为严重，评价主体单一，课程考核方式单一，学科特色凸显不足，与"双一流"建设工作的要求仍然存在不小差距，具体表现如下：以学校为主体的课程建设评价方式没有充分考虑产教融合，课程考核与产业要求脱节较为严重，人才培养难以满足当前中国产业结构升级转型对人才培养的需求。同时，停留在理论课程考核层面，以学科知识分类的课程考核要求对学生知识的应用考核力度较小，使得教学中教师与学生也不太重视应用环节。最后，以传统闭卷考核为主的课程评价方式让不少学生为了应付考试，采用了"考前死记硬背、考后全还给老师"的学习方式，与一流大学、一流学科的人才培养目标相悖，造成了人才培养资源的浪费。

三、一流学科发展视域下的课程建设策略

为了完成国家"建设一批进入世界一流行列或前列的学科"的战略部署，高校要加快课程建设步伐，从革新课程建设理念、重构课程结构、改革课程评价机制这三个方面做好一流学科发展视域下的课程建设工作。

（一）革新课程建设理念

2018 年，时任教育部部长陈宝生在全国高校本科教育工作会议上提出，我国的本科教育课程应建设有深度、有难度、有挑战度的"金课"，要侧重培养学生的实践动手能力与创新应用能力。这对一流学科发展视域下的高校课程建设工作提出了新要求。高校应革新课程建设理念，扭转当前课程建设重理论、轻实践，重课内、轻课外，重育才、轻育人的现象，围绕办学特色重构课程教学。首先，要转变重理论、轻实践的教学理念，加大实践课程比例，重视组建应用型课程群。高校要围绕专业特色与学科特点，以服务社会为目标，在课程建设中加入与行业前沿发展动态相关联的教学内容，构建既有理论基础又有实践特色的课程体系。其次，要转变课程建设重课内、轻课外的现象，调整课程类型结构，重视多样化的课程实施路径，打造校内校外一体化的开放式课堂，通过产教融合，突破传统课程建设的单一路径。另外，要借助"互联网＋"，打造线上线下一体化智慧课堂。最后，要通过打造"思政课程"与"课程思政"的同向同行协同育人机制，实现专业课程教学的育人工作，构建"全员、全过程、全方位"的立体育人体系。

（二）重构课程结构

一流学科发展视域下重构高校的课程结构，需要合理规划专业课程与通识课程的比例，并做好显性课程与隐性课程的融合。一方面，高校应增加通识课程门数，拓宽通识课程的学科领域，帮助学生养成多学科视角，形成多学科的知识结构。同时，高校还应给予学生一定的自主权，为学生提供较为丰富的选修课程，从而提升学生学习兴趣和学习自主权的角度，拓宽学生的知识领域。另一方面，学校不光要重视显性课程的开设工作，也要重视隐性课程的教育工作，要通过做好校园文化建设工作，借助社会热点事件开展系列讲座，或者学习上海高校开展的"课程思政"教育思路，多渠道、多途径发挥隐性课程的协同育人效应。

（三）改革课程评价机制

改革高校的课程评价机制，通过引入多元化的评价主体、完善的评价指标和多元的考核评价方式，构建科学的课程评价机制。首先，要在课程评价中引入企事业单位的优秀一线工作人员，动态调整课程建设评价指标，确保高校的人才培养方向与社会需求一致。其次，要完善高校的课程评价指标，加大实践课程的考核评价力度，重视借鉴行业

标准，对学生的实践表现和实践成绩进行严格考核，促使学生重视实践环节，从而提升学生的实践动手能力。最后，要拓宽课程考核方式，适当下放课程考核权限。学校要改变当前必修课以闭卷理论考核为主的考查模式，加入企业调研报告、作品创作、课题研究等多元化的考核方式，鼓励教师以开放性试题考核学生知识应用的能力。

总的来说，一流学科视域下的高校课程建设工作是一项系统性的工程，需要学校领导与二级院系的共同努力。高校要以一流学科建设工作为契机，革新课程建设理念，重构课程结构，改革课程评价标准，深入推进课程建设改革，培养一流的应用型人才。

第六节　高校在线开放课程建设

随着现代信息技术的迅猛发展，在线开放课程逐步引领高等教育课程体系与授课方式的变革，不仅打破了学生在学习过程中的空间和时间限制，也间接增强了教学对学生产生的吸引力，更好地帮助学生提高在学习上的热情和积极性。在线开放课程具有更为广阔的教学资源、更加高效的信息获取方式以及更加便捷的授课方式，实现了高校教学内容与方式方法的创新，成为我国高等教育改革发展的重要趋向。从总体上看，我国高校在线开放课程建设处于初级阶段，应用模式相对固化，课程资源多而不精，优质课程资源有限，社会参与制作的在线开放课程不足，在线开放课程的跨界融通与产业链条尚未建立，我国高校在线开放课程体系建设任重而道远。

一、高校在线开放课程的内涵与价值

高校在线开放课程是在信息技术革命的背景下，深入贯彻和落实"互联网＋教学"的发展理念，利用多元化的信息技术手段，将高校教学过程中所需的各类课程资源以线上形式进行呈现，是引导学生进行自主学习与研究性学习的重要抓手。高校在线开放课程具有聚合教学资源、创新教学流程、变革教学方式的功能，极大提高了学习的便捷性与多样性。在高校在线开放课程体系中，教学资源具有较强的迁移能力，从基础知识到专业知识、拓展知识，根据对学生潜在发展水平的预知结果而设计，能够更好地激发学生的求知欲望；教学形式的呈现形式包括微视频、课件等，通过强大的整合能力将碎片化的资源系统化，便于学生进行资源查找与学习交流。高校在线开放课程贯彻课前准备、网络授课、课后作业与评价整个过程，在内涵上既体现了高校教学文化，也彰显了新时代网络技术文化的价值。

高校在线开放课程对于转变教学方式，提升教学质量具有重要价值。其一，在线开放课程资源的丰富性和多样性契合当代大学生学习与发展的个性化特点。教育行业处在发展的前沿，在相应的教学方法上有不断创新和改进，将在线开放课程的建设投入到各大高校中，遵循国家教学要求的同时不断加强教学改革理念，注重学生自我管理和自我能力上的培养，实现学生在个人特色上的多元化发展。其二，通过信息技术手段，有效聚合教学资源，提高教育教学的灵活性与实效性。根据相关的调查得知，截至 2018 年 12 月底，"网易公开课"已经与上百所高校展开合作，其中包括了众多"985"和"211"等国内高校，也包括了像麻省理工学院、普林斯顿大学等知名的国际名校，平均访问量都在上百万次，进行选课的人次达到了近 300 万。由此可见，高校在线开放课程体系建设需要依赖社会力量的参与，形成有效的需求产业链条，弥补高校信息技术能力的不足，同时通过大数据分析受众群体的需求信息，甄别优质教学资源，形成有效的资源聚合。其三，有助于推进高校教学理念和方法变革。高校在线开放课程通过教学方式的转变能够带动理念的更新，变"以教师为中心"为"以学生为中心"，增强了学生的学习兴趣，促进了学生在学习上的积极性，同时线上教学的技术革新也实现了教学方法的创新。

二、我国高校在线开放课程的建设与应用现状

（一）高校在线开放课程的应用理念滞后

当前，我国部分教师对于在线开放教学的理解得不够深刻，只是在形式上应用在线开放课程，其认为将教学过程录制成视频，上传到网站上就完成了在线开放课程建设，从根本上并没有充分挖掘在线开放课程的功能。实际上，在线开放课程形式丰富多样，能够在视频中加入相应的教学资料，如视频、图文、随堂检测等，还可以根据课堂的具体设定加入单元检测、考试等内容，按知识点的排列依次进行录制。在进行在线开放课程的建设时一定注意在视频的录制上要有设计，不只是将视频录制好后上传。高校教师在在线开放课程应用上思维方式与观念僵化滞后，难以跟上教育信息技术的发展与时代的要求。

（二）高校在线开放课程资源参差不齐

高校在线开放课程建设需要诸多要素予以支撑，其中课程资源是课程体系搭建的前提和基础。受技术限制、应用能力与经费投入等因素的影响，我国高校在线开放课程建设的思路不够清晰，且潜心研究与开发的能力有限，部分高校本着"拿来主义"，从其他高校照搬照抄，出现张冠李戴、水土不服现象，缺乏自身课程设计特色，也没有针对本校学生进行订制选择。在这种情况下，高校在线开放课程内容高度重复，价值性与实效性不足，反映出当前各高校各自为战、各自封闭的竞逐状态，造成在线开放课程资源鱼目混珠，对受众群体造成了一定困扰。

（三）在线开放课程模板设计相对单一

网络精品资源课是我国在线开放课程体系的重要抓手，网络精品资源课汇集成资源

库，投放在相应的开放平台上，有效促进了高校对在线开放课程的建设，对高校开放教育的发展起到了推动作用。由于课程的安排与设计基本是由合作企业进行操作，所以在模板的选择上较为有限，通常是同一模版运用于多所高校，相应的网站设计都是按照同一形式展开，在排版上不具有新意和特色。在网站的主页上主要是对相关的教学工作进行展示，如教学成果、师资队伍、教学配置等，但这些内容无法激发学生的学习兴趣，学生想获取的知识及相关的技法难以找寻，以学生为中心的建设理念缺失，缺乏必要的调研机制与需求信息收集机制，导致在线开放课程功能失效。

三、在线开放课程的建设规范

（一）同步资源做到规范、完整

在线开放课程同线下课程一样应该具备系统的教学环节，只是实现的方式不同。在开放课程平台上，每门课程应该有完整的教学视频、教学课件、讲义、随堂测验、章节习题、论坛讨论、单元测验及期末考试等。一个教学视频10分钟左右，重点能将知识点讲清楚为宜。知识点条理清晰，主线明确，不应将课堂讲授章节直接搬运到网络课程平台。

慕课课程内容必须经过广泛的讨论与严格的审查，完整设计课程的运行方式，考虑学习者在网络平台或者线上线下混合教学模式下的课程学习设计等，保障教学内容严谨和准确。一些教师开始做慕课时，容易将思路限制在课程拍摄环节，认为最困难的问题在于录制过程和视频剪辑制作，过度重视视频制作的精美，忽视教学内容和教学过程的严谨与完善，忽略了同步资源的重要性。慕课重在使用，强调"以学生为中心"的教学模式呈现，对视频制作的要求是课程的要求之一，而不是全部。

（二）改革教学方法，探索"教"服务于"学"的新路径

慕课建设要探索其使用的方法与路径，必须秉承"教"服务于"学"的基本理念，摒弃"教学为中心"的传统教育理念，让课程和教学过程真正服务于学生的学习过程。不同层次高校针对不同学习群体应广泛探索慕课建设的新路径，不断改革教学方法，达到以学生"学"为中心的最终目标。

四、我国高校在线开放课程建设的应用价值提升

（一）政策引导：提升在线开放课程建设积极性

在线开放课程建设是高校智慧化校园建设的重要内容，对于提升我国高等教育的整体水平大有裨益。国家要制定具体的政策，解决当前高校在线教学能力薄弱、秩序混乱、标准缺失与优质课程资源不足等问题，引领高校更加注重在线开放课程资源开发，形成

有效合作与错峰发展的协同模式。高校要强化内部制度建设，激发教师参与在线开放课程建设与应用的积极性，纳入教师绩效考核体系，对具有较强开发能力与应用能力的教师给予一定薪酬激励。同时，高校要努力包装线上开放课程资源，提升共享价值，以完备的制度体系支撑与引领高校在线开放教学工作的有效开展。

（二）技术指导：引入社会力量参与在线开放课程建设与管理

高校在线开放课程建设需要发挥利益相关者的协同作用，积极参与社会分工，构建互联网教育产业链条。高校要敢于走出封闭圈，同互联网企业进行合作，企业参与技术设计与后台管理，高校提供课程资源，通过有效分工实施精细化操作，实现互利共赢。同时，在课程资源建设方面，各高校也要建立在线课程建设联盟，进行错峰发展与互融互通，避免课程内容的重复与粗浅，并积极建立学分互认机制。社会参与高校在线开放课程建设，促使各利益相关者进行信息资源整合，通过大数据技术分析，获取差异化的需求信息，能够形成科学的课程建设导向。

（三）培训辅导：打造在线开放课程专业师资团队

高校教师是有效执行与应用在线开放课程的重要保障，在进行开放课程的建设时，需要老师花费大量的时间进行视频录制，通常专业教师在制作上缺乏专业的技术指导，相应的制作都较为简单，这类视频投放到网站后往往教学效果较差，对学生的学习只能起到有限的促进作用。部分学校虽然在相应的课程上展开了在线课程的教学，但在师资团队的建设上仍存在理解不深刻的现象，学校应该根据具体的问题展开讨论和研究，找出最合理的解决办法。因此，高校要注重加强专业教师的信息化能力培养，通过有效的培训，增强专业教师的信息化观念，转变传统的教学思维与教学方式，坚持线上与线下相结合。在实践中成长是发展的必由之路，高校要发挥教师的榜样作用与"传帮带"能力，以团队的形式开展线上教学与信息化大赛，提升在线开放课程建设能力，努力打造具有较高信息化水平的师资团队。

第七节　媒介融合与高校课程建设关系

当前高等教育与社会发展、社会环境及人类进步一样面临急速的变化和严峻的挑战。在这种变化和挑战中，信息是其中较为显著的因素之一，特别是日新月异的技术因素促使媒介融合的生成和发展，进而增强、放大了信息的影响。媒介融合使高校课程处于机遇与挑战并存的状态之中，既面对崭新的机遇，又遭遇激烈的挑战。

一、媒介融合建构全新教育发展模式

在人类历史上，生产力永远是社会发展的根本、直接的驱动力，即使是现在也不例外。但经过几千年演变，生产力的含义发生了革命性变化，生产力不再只是体力劳动的代名词，脑力劳动、科学技术、注意力、信息等都成为生产力，信息的作用和影响犹如原子弹一般巨大。这是单一模式的信息，而现代科学技术使各类信息向着融合方向发展，也即媒介融合。"媒介融合是在数字技术和网络技术的背景下，以信息消费终端的需求为指向，由内容融合、网络融合和终端融合所构成的媒介形态的深化过程。"

媒介融合应该不再只是一个传播问题，而是已深深嵌入社会的各个角落、各个领域并产生了深远的影响，体现在：媒介融合正在加速民主政治进程，催生扁平化的民主管理模式，底层受众的信息接收与反馈渠道日渐增多，有限性增强；媒介融合成为经济发展的助推剂，我们看到的不仅是媒介机构的重组、壮大，财政资源的重新分配，而且看到了实体金融与网络金融的共生，如网络支付、移动端支付等；媒介融合进一步催生技术革新，既给受众便捷的使用体验，又给予充分的安全保障，传受双方对技术的依赖度日益加深，同时也意味着破坏力的增大；媒介融合重构人力资源分布，包括核心技术的开发人员、核心管理团队、专业的生产团队等等，凡是媒介技术关系紧密的行业、产业对人力资源的要求也就越高；法律的变迁速度明显落后于媒介融合的进程，法律空白较多，既是媒介融合的机遇，但挑战和阻滞也是不确定因素，如网络支付管理引起的讨论说明媒介融合遇到的规制问题。

二、我国高校媒介素养教育课程体系建设

（一）明确媒介素养教育的最终目标，进行大学生媒介素养培养的顶层设计

凡事预则立。高校进行大学生媒介素养教育，首先应该确定教育的最终目标，这是高校有效实施媒介素养教育的必要前提。无论是何种教育领域，教育都以塑造出一个拥有正确的世界观、人生观、价值观的社会公民为首要目标。因此，高校应该确立切实可行的媒介素养教育的基本目标和准则。

（二）媒介素养课程设置创新

培养全体大学生的媒介素养是社会的责任，更是各高校义不容辞的义务。因此，应该将全体大学生作为媒介素养课程的授课对象，将该课程列为全校的通识必修课程。根据大学生的特点和"互联网＋时代"的要求制定教学目标，选择教学方法，创新课堂内容。

（三）媒介素养课程内容的创新

虽然媒介素养教育课程是新闻传播专业的课程，但它适用于所有专业。主要包括媒

介素养基本知识的讲授和实际操作能力的训练两个部分。

基本知识的讲授。在讲授媒介素养的基本知识时应结合大量案例，教会学生思考和分析自己的媒介消费习惯，分析媒体把关人发布信息产品的意图和目的，明确传递观点和影响受众反应的各种制作技巧。老师通过选案例讲解媒体做新闻的方式和技巧的形式，来验证和评价媒介陈述观点的质量，从而达到鉴别传播内容的目的。在对新媒体信息的理解上，需要让学生熟悉大众媒介工具，如何利用大众媒介工具来进行个人表达和交流以及如何达到宣传自我的目的，并获得相关的经验。

相关学科课程打通，将基础知识与实际操作相融合。笔者认为，我国高校都应在教育资源允许的情况下，开设媒介素养的必修课，让全部学生都能享受到课程的成果。或者将媒介素养教育的内容融入现有的课程当中，如融入大学生的必修课：思想政治理论课、创业教育课等。

在思想政治理论课的课程当中融入媒介素养的相关内容，在课堂中加入新闻资讯的选择、理解等方面的教学，既能丰富高校思想政治理论课教学内容，也能增加课程的趣味性和吸引力。

现在各高校对学生进行媒介素养教育，应该搭上高校大学生的创业基础课程的快车，利用该课程日常的课堂教学，为大学生提供最实际的提高媒介素养能力的机会，提高大学生在创业过程中对网络媒介信息的解读与利用能力。

媒介素养教育课程是一门注重培养实践能力的课程，在媒介素养能力的培养上，应结合学生的实践注重培养学生对相关信息获取的能力，分析信息形态和传播方式等的分析能力，判断信息真伪的能力，可以正确评价信息发布者的意图的评估能力，在传播者和受众两种身份中转换，负责任地参与媒介互动的参与能力。可以采用"走出去，请进来"的创新性方法，除了讲授基本知识之外，将影视教学、新闻分析课、户外实地新闻制作等方式融合进来，确保理论与实践完美结合，用理论指导实践。"请进来"指的是可以邀请大众媒介的精英走进校园进行现场授课，这更能增加理论知识的实践性。

（四）高校媒介素养教育课程的教学方法

在"互联网＋"时代，当代大学生如何做新闻信息的主人而非奴隶，如何将信息为我所用而非随波逐流，确实需要有良好的引导，这是摆在我们高校媒介素养教育面前的紧迫任务。而加强高校的媒介素养教育需要对课程体系建设系统化进行考量，一步步推进课程建设，以达到促进大学生更好地认知媒体、分析信息能力的目的。

三、媒介融合下课程制度的重构可能性

媒介融合对社会发展和高校课程建设的影响，一部分是我们每个人可能都会感受到

的，一部分则是我们非常不易察觉的，制度正是这种不易察觉的隐性力量，其作用往往超出人们的预料和想象。因此，要使课程在媒介融合环境下实现有效传播，就必须构建适应媒介融合的课程制度。

首先，要创新甚至颠覆课程制度的观念。从人类发展历史来看，人类信息是用来交流的，是传播思想的，并影响人类的思维模式。一般认为，人际传播是双向循环模式，大众传播是单向线性模式，网络传播被认为重回双向循环模式，但两种双向循环模式并不相同。人际传播的双向循环模式是面对面（face to face）交流，而网络传播的双向循环模式既包括面对面交流，也包括非面对面（non face-to-face）交流或不在场（absent）交流，因此可以说传播模式既受到人类思维模式的影响，也影响人类思维模式。高校课程制度是大学设立以来经过漫长时间逐步建立起来的，在神学统治时代以《圣经》为核心的课程占据欧洲大学课程的绝对地位，古登堡印刷术使课程的信息量增大从而削弱了课程口口相传的力量，而电子革命在进一步加大课程信息量的同时改变课程的呈现形式、资源类型、传输方式，作为电子革命的延续和深化，媒介融合在保留前述特点时使课程内容、呈现形式、资源类型、传输方式等趋向交叉、融合。因此，创新甚至颠覆传统课程制度的理念，树立适应媒介融合的课程制度理念远比制定一套具体课程制度的意义深远得多。

其次，什么样的课程制度适合媒介融合传播呢？课程制度是价值观的体现，但没有具体措施支撑的价值观是毫无意义的。"制度的理念化并不意味着制度仅仅是一种理念，恰恰相反，制度的理念化乃是为未来实践活动提供一个坐标，根据这个坐标，相应的实践活动都会在其中获得相应的位置。"媒介融合下的课程制度体现较为复杂的价值观，既要体现传统课程的价值延续，又要突出媒介融合体现出的开放、共享等新价值观；既要确立教师课程建设的自觉性和创造性，又要塑造学生参与课程建设的主动性和创新性。媒介融合下的课程制度利于融合传播的行为导引，既要保持大众传播模式下人才培养模式的整体性和独特性，又要体现融合传播下以网络为载体的课程走出校门导致人才培养模式的新颖性；既要显现大众传播模式下"教"与"学"的合目的性、合规律性，又要彰显融合传播模式下"学"的自主性、合作性、反思性、共享性以及"教"的开放性。媒介融合下的课程制度要确保适合融合传播的课程的设计、开发的程序规范，在完善现今大众传播模式（现今学校体质）下课程选择、决策、开发和管理的机制、机构、程序、方法的同时，探讨构建融合传播的课程程序性制度，既要延续原有的完整性、严谨性，又要突破藩篱，使课程制度具有一定弹性和灵活性，给予新生事物发展的空间。

再次，媒介融合下课程制度可以优先考虑的课程建设内容。媒介融合使课程轻而易举地被复制和获取，同时媒介融合也使课程的交易可能性增大，任何受众缴费就可以学习哈佛大学、耶鲁大学等世界名校的在线课程，只是国内课程交易尚未启动或者说面临制度性障碍，因此首先要解决知识产权问题。媒介融合使课程符号出现多样化趋向，语言、文字、图形、图像、音频、视频等符号尤其是适于融合传播的符号都运用到课程建设上，而事实上课程符号的使用较为单一，符号与符号之间的关系比较模糊，两者的融合更是难题。大众传播教材等纸质型材料是可见型载体，这些材料被学生持有并纳入学习成本；而媒介融合下部分课程材料不再被学生持有，向学生收取费用不再合理，另外目前网络学习成本由学生负担，增加学生的学习成本，因此创新媒介融合下课程的传播渠道建设，从制度、经费上予以保障，降低学校、学生的经济成本。媒介融合下的课程制度绝不是用几行字显现课程的价值观和理念，更需要实践特别是媒介融合的技术和能力来保障理念的实现，从而从制度上保障学校和教师享有不断提升课程融合技术的机会和能力是媒介融合下课程发展的根基。

总的来说，媒介融合潜在地改变社会发展模式，对高校课程相关者——学生、教师、所属主体及制度，将产生巨大的冲击和挑战，而在这种冲击和挑战中课程制度与媒介融合则是一种控制与反控制的关系，突破固有思维和制度的限制，方使媒介融合下的课程建设持续发展。

第四章 高校课程建设模式研究

第一节 高校课程建设思维模式与方法

　　高校课程建设是目前高校教育工作开展的重中之重，是教学改革的基础，同时也是教学工作开展的主要途径，因此，政府、社会以及学校都给予了大量的资金投入和人力物力投入。但是由于传统教学思想的固化，高校课程建设依然存在着很多问题，比如，教学模式单一、教学内容枯燥乏味、教学方法无新意以及教学评价方式单一等，这都是阻碍课程建设的问题。而如何克服当前的困境，为学生营造一个轻松愉悦的课堂教学氛围是目前课程建设的重点内容之一。

　　从广义方面来看，课程建设是决定课程质量的先决条件，合理的课程建设是教学质量提升的基础。课程建设主要包括：教学资源建设、师资力量建设、教学理念建设、教学环境建设等。从狭义方面来看，课程建设主要是指具体课程的建设，主要包括具体专业课程的建设。比如，物理课程建设、化学课程建设、金融课程建设、财务课程建设等等。课程建设是学校得以发展的支柱，它可以促进教学质量的提升，确保学校的可持续发展和进步。现阶段各大高校都认识到了课程建设的重要性，学校给予了课程建设方面很大的资金以及人力物力投入，加强课程管理体系以及管理机制的建设，但是就目前的教学成果来看，却不尽如人意，课程建设多流于形式，只要是为了应付检查，教师根本无法正确地认识课程建设的意义。产生这种问题的原因主要表现在以下几方面：①课程建设之间缺乏联系。在整个课程建设过程中，各课程之间缺乏必要的联系，无法实现课程之间的交叉学习，达不到预期的教学效果；②课程建设与科研工作之间的矛盾。现阶段，由于学校对高校教师有科研要求，科研压力较大，教师无法很好地平衡教学工作与科研工作，容易产生负面情绪，这对于学生来说是不利的。因此，学校要根据教师的能力以及教师的课程规划合理地设计教学内容和科研任务，让教师能够兼顾两者之间的关系。③课程建设本身存在很多问题。教师要从全局考虑问题，合理规划教学资源，充分利用教育信息平台，激发学生学习的兴趣，充分发挥课程建设的优势，努力营造适合学生发展的课程体系，为课程建设的良性循环奠定基础。课程建设是教学工作开展的前提条件，教师要充分认识课程建设的价值和意义，为课程建设设计科学合理的教学方案。

一、目前高校课程建设中尚存在的问题

（一）课程建设缺乏成熟、统一的模型化方法

课程建设的模型是教师根据特定的教学目标，在假设条件下再现客体的结构、功能、属性、关系以及过程等特征的思维方式。课程建设模型旨在帮助学生建立适合学生发展，促进教学质量提升的模型，通过正确课程模型的建立，让学生认识到主客体之间的关系以及逻辑思想，指导学生朝着正确的课程建设轨道前进。但就目前的教学现状来看，大部分高校课程建设还停留在初级阶段，尚未探索出适合普通高校发展和进步的课程模型，从现状来看，高校课程建设仍然存在着不平衡的现象且各学科之间差距较大，缺乏整体性的把握和控制。因此，学校和教师应该打破以往的教学方式，建立适合学生学习和发展的课程建设体系，帮助学生更好地掌握学科知识，与此同时，在加大课程建设投入之前，一定要规划好课程建设的目标以及预期的效果，不可盲目进行。

（二）课程建设中主体角色划分不明确

在高校课程建设中教务处以及院系是课程建设的主要机构。教务处主要负责课程建设的总体规划和管理，根据课程建设的特点和总体目标投入资金，并组织课程评估小组进行评审、跟踪以及评价。而院系主要组织课程建设的具体实施，是课程建设的主体，院系根据课程建设的目标，将任务下达到系以及教研室，系、教研室、课题组、教师再根据院系下达的任务组织课程建设，但从现阶段的课程建设现状来看，部分高校的院系、课题组、教师不能完全了解自己的岗位职责。有些高校院系的课程建设根本是不合理且不科学的，有的院校甚至都没有课程组，教师和学生都是自由组合，不成体系，更谈不上课程建设任务的分配。部分高校课程设置不科学，无法体现民主性以及程序性，课程体系混乱，课程建设的主要成果是教师在教学中的作用，无法体现学生的价值和意义，学生只是知识的接受者，教师只是知识的传授者。混乱的课程体系不能够满足课程建设的需求，无法为学生营造良好的学习氛围。因此，学校应该合理分配职责，确保课程建设的顺利进行，加强课题组的建设，合理分配课程建设的任务，让学生与教师共同参与，共同完成教学任务。

（三）课程建设的长效支撑环境明显不足

高校课程建设离不开环境的建设。首先，课程建设的前提条件是激励环境的营造，目前课程建设激励方式主要是项目资助。高校课程建设通过完成申报课题、审批课题、批准课题、完成项目的流程以后，国家、社会以及学校会给予一定的资金资助，或者对教师职称评定等有一定的促进作用。但是由于课程激励只停留在点上，无法落实到面上，这对于课程建设的激励是不平衡的，有时候会出现以小放大的局面，为课程建设产生负

面影响。其次，课程建设中的职责不明确，学校根本无法进行科学的管理和规划，从而使整个课程建设工作停滞不前，无法达到预期的课程建设目标。最后，课程建设缺乏信息化的平台和管理手段。由于缺乏信息化的课程建设环境，导致课程建设速度慢，无法在有限的时间达到预期的课程建设效果，缺乏一个公正、维护、跟踪、评价的高效化信息平台，这对于课程建设工作的开展是缺失性的，会导致课程建设工作的资源无法共享和合理运用。

二、课程建设存在问题产生的原因

（一）课程建设观念不明确

在实际工作中，课程建设是高校教学工作的基础，也是教学质量的重要保证。要想确保课程建设能取得高效的成果，首先必须投入大量的资金以及人力物力，但是由于课程建设相对比较困难，无法在有限的时间达到预期的效果，有时候即使投入了很多也无法达到预期的教学效果，因此，大部分学校都不愿意主动改变课程建设，当面临课程建设问题时，也只是做做样子，无法从长远角度去考虑课程建设的意义和价值。

（二）课程建设规划不科学

在实践教学过程中，课程建设主要以个别化项目形式开展，无法从全局的角度进行深入的考虑，缺乏指导性思想，目前大部分高校没有意识到课程建设的必要性，对于课程建设缺乏必要的正确的认识，课程建设目标不明确，无法准确进行课程定位和规划，这对于课程建设以及学科建设是不科学、不合理的。

（三）课程建设投入不均衡

对于一些条件较好、资金优厚的学校而言，它们在课程建设方面会投入大量的资金和人力物力，以确保课程建设的科学化、合理化。而对于一些条件一般的学校而言，它们根本没有能力进行持续性的资金投入。随着新课改的不断推进，高校之间的竞争也逐渐扩大，学校之间的竞争加大，这使得高校建设在注重规模扩大的同时却忽视了教学质量的提升，这也制约了课程建设的进一步发展和进步。

三、课程建设的新思维

课程建设的核心问题是建立科学的课程建设思想，没有主体思想的科学建设是一盘散沙。课程建设不能只关注课程建设的概念，而要针对课程建设中的主要问题设计一个切实可行的实施方案，发挥课程建设的内在价值，确定课程建设的路径，完善课程建设的制度和体系，以确保课程建设的顺利进行。因此，要发展课程建设，必须确立课程建设的新思维。

（一）建立课程建设的动力模型思维

课程建设的关键因素是找到课程建设的方法、确定课程建设的原理。在以往的课程建设中，只注重课程概念的把握，无法从深层次去探讨课程建设的起源、价值以及应用。学校应该注重课程建设的系统化和阶段性，发现课程建设发展的规律并合理运用，要着重考虑课程建设的目标、发展的动力、系统的发展要素，以及课程构造的方法和逻辑，以确保课程体系的合理规划和建设。

课程建设系统的动力因素是教学需求与教学供给之间的矛盾，其中课程信息化平台是课程建设的传送系统。教师、学生以及校内管理人员都是通过这个信息化平台完成课程建设、课程学习，其教学系统的运行主要依靠教学系统的内在驱动力，不断激励大家为其工作。在整个运行过程中，信息化平台将智能教学系统与网络教学管理平台紧密结合，不断克服教学需求与教学供给之间的矛盾，让课程建设更加合理化、科学化，促进课程建设平台的合理运转。在整个课程建设过程中，教学需求与教学供给是课程建设的内在动力，这种内在动力通过信息化教学平台转化为课程建设的具体方案，课程建设的方案结合教学理论基础逐渐演变成课程建设的具体任务，使课程建设任务更加具体化、系统化。在外部条件以及内在动力的共同驱动下，使教学需求与教学供给之间的矛盾得以化解。课程建设的目标以及动力是教学供给关系，而解决之一供给关系的平台是课程建设信息化平台，通过信息化教学平台将课程建设具体化、形象化，实现一个良性互动、互相牵制、互相促进的良性循环方式，最终实现课程建设的合理化、制度化以及系统化。

（二）确立课程建设的体制化思维

课程建设体制是课程建设的前提。健全的课程建设体制不仅可以促进课程的发展与进步，同时对于课程建设的规范化、全局化有一定的积极影响。课程体制应该是固定的，是围绕课程建设体系构建的，是保证课程体系运行的主动力。

课程建设体制的确立是课程建设有序开展的基础。课程建设主要由学校组织，院系配合实施。学校主要负责课程建设的组织、规划以及监督实施。学院主要负责课程建设任务的下达。系是整个课程建设的主体以及教学的基本单位，专业课程主要由系组织实施，具体的课程建设由课题组共同商议决定。因此，系与课题组是课程建设的主体。课程建设要以学生为主体，采取严格的课程建设体制，对现有学习资源进行合理规划和利用，促进课程建设资源的合理化和科学化应用。与此同时，加强课程建设机制的监督和管理，以确保课程建设的顺利进行。

（三）改革课程建设的激励化思维

现阶段，课程建设的激励机制主要以课题制为主，对于获批的项目给予资金资助，同时给予评职称上的优待。但是对于那些前沿、冷门、没有获批的项目而言，会打消课题组成员的积极性，长期下来则会出现不平衡的课程建设现状。这种课程建设体制过于片面化，缺乏系统性和全面性。因此，要改变课程建设的激励思维，加强长效机制的培养，将课题制逐渐转变为课程建设业绩考核制度，通过阶段性的考核制度，确定切实可行的课题规划，设立新的课程评估标准，以激发课程建设的科学性和合理性，实现长效机制建设。

（四）创设课程建设的平台化思维

课程建设是一个长期有效的教学过程，同时也是课程教学资源建设的目标。在整个课程建设过程中，需要对教学资料进行全面整合，加强对课程建设资源的编辑。课程建设平台的设置是课程建设工作的核心，在信息化系统的不断发展和进步中，信息化平台的建设有利于教学策略的实施，为课程建设提供合理化的建议和意见。信息化平台的建设是课程建设的基础，为课程建设的资源化发展提供信息化平台。在课程建设的过程中，把教学资源与教学平台融合在一起，为教学平台的设计创设条件，促进教学理论的发展与教学资源的创设与共享。教学平台设计是课程建设体系的一部分，应加强高校课程建设平台的设计，为课程建设创设条件，为课程建设创设科学合理的环境。

第二节　高校微课程教学团队建设模式

随着时代的发展，传统的教育理念、教学模式都在不断变化。为了顺应教学模式改革的需求、顺应教学理念转变的需求、满足学生快餐式的学习要求，微课程建设刻不容缓。微课程资源建设包含课程总策划、教学方式的具体设计、内容裁剪、课程主讲、课后辅导、答疑等，每个环节都需要分工协作好，这些工作只有微课程教学团队才能够完成。因此建设微课程教学团队是教育发展的必然趋势，是保证学科持续、健康、稳定发展的根本大计，也是学校改革创新并取得成功的主要动力。

本节首先通过微课程和微课的区别与联系阐述了建设微课程教学团队的必要性和团队合作的优势，其次具体分析研究了建设微课程团队的方案措施，最后从建设团队中可能出现的障碍入手，阐明了微课程教学团队建设的管理方法。

一、微课程与微课

微课程与微课既有联系，又有区别。微课是指以视频为主要载体的既简短、又完整的教学活动。微课程属于课程系列，它是运用构建主义的方法，把线上和线下学习为目的的实际教学内容，而不是微型教学开发的微内容。它包括课程设计、课程开发、课程实施、课程评价四大范畴。微课程中包含着微课，两者紧密相关。微课程建设显然是团队项目，只有团队合作，才能较好地完成这项工作。

二、团队合作的优势

为团队成员提供互相学习的平台。建设基于网络教学环境下的教师团队，即构建基于共享、共建、共进的专业发展的教师学习共同体，有利于教师个人的职业发展。

可以提高教师队伍的竞争力。小溪只能泛起美丽的浪花，海纳百川才能激起惊涛骇浪。只有团结合作才能成就共同的目标，从而实现和满足每个成员各自的需求。

能够有效提高教学质量。通过团队成员的协作，教师们及时沟通、交流，使业务水平和教学技巧不断提高。

三、建设微课程教学团队的具体方案

确立团队清晰明确的目标和愿景。共同的目标是团队存在的核心。由于团队成员的教育背景、社会阅历、需求等不同，存在着不同的价值观和不同的教学理念。建设团队首先必须确定团队共同的目标，只有一个共同的目标和愿景，团队成员才能凝聚在一起，知道"我们要完成什么""我应该做什么"。当然，目标要切合实际，否则，会打击团队成员的积极性。

营造"以人为本"的工作氛围。尊重团队中每个成员的见解和成绩，因人而异分配任务，并及时给予鼓励和肯定，使每个成员都能够充分发挥自己的特长，感受到团队的温暖。例如，根据每位教师的优势和知识点的特点具体分工，使得每个团队成员各尽所能、人尽其才，尽情展现自己的才华。

创造良好的沟通环境。一个知识点用什么方式表述，用哪种设备效果更好，用多长时间表述，都要进行经常性讨论。所以团队成员相互尊重、及时沟通信息是顺利完成团队目标的基础。有效的沟通能化解队员之间的意见分歧，可以增强团队凝聚力。如果不进行充分的沟通，难以达成队员之间的默契、共识，团队成员无法有效合作。只有频繁沟通和交流，才能更顺利地实现目标。

树立全局观念。团队成员不能计较个人的利益和局部利益，要把团队目标作为最高追求，团结一心，共存共荣。把个人的目标融入团队的总体目标之中，最终达到团队的最佳整体效益。没有团队的合作，仅凭一个人的力量无论如何也做不好微课程，只有通过集体的力量，充分发挥团队成员的才能，取长补短，才能把制作微课程的这项工作做得更出色。

注重团队成员的培训。要有效地提高团队成员的素质，从而提高团队整体的竞争力。随着信息技术引入大学数学课堂，教师本身需要对新技术进行消化和理解，在团队中应该营造积极的培训氛围，使团队成员乐于参加培训。鼓励教师勇于把先进的科学技术与传统的教学方法紧密融合，不断地更新教学理念和教学方法。

四、微课程教学团队建设中的问题与管理

微课程教学团队建设中，难免会出现"搭顺风车"的现象；缺乏成员之间的互补性，缺少解决关键技能的方法；没有建立有效的绩效评估体系与奖励机制；面临微课程的利用率低的问题。

为了避免出现上述的障碍，在微课程教学团队建设过程中要进行以下管理措施。

团队负责人首先要不断提高整体素质。"得人心者得天下"，要用精湛的业务服人，要用人格魅力取信于人。

树立团队精神，消除不劳而获的想法，增进队员的自信心和责任心。

要建立公平、公正的绩效评估体系和激励机制。根据团队队员的贡献进行绩效评估。消除团队成员之间的消极情绪和沮丧心态，努力调动积极性、主动性和创造性。

在微课程建设中为了满足教师与学生的需求，反复修改、不断完善是必不可少的环节。另外，增强交互功能，使学生在互动的教学环境中消化知识，消除人机学习的孤独感。

微课程建设必须突出特色。只有有鲜明特色的微课，才能够吸引学生的"眼球"，促使其睹完为快。有特色的微课才有生命力，才能满足学生快餐式的学习需求。

总之，微课程建设目前还处于初步探索阶段，建设微课程教学团队是一个漫长的过程，如何建设具有竞争力的微课程教学团队，发挥互联网的特长，突破学生学习时间和空间的局限性，有利于优化课程资源，鼓励学生自主学习和合作学习，同时把线上的教育和线下的教育有机结合，改善教学内容和教学手段，有效利用课堂时间，提高人才培养质量是所有教师要进一步探讨的课题。

第三节　高校课程建设的教育经费投入模式

课程建设是高校人才培养过程中最基本、最关键的因素和环节，对教学质量产生直接影响。教学经费的投入力度可以直接反映出高校领导对学校教学的重视程度，一个学校的人、财、物力的投入程度高，体现的是学校开展教学活动的综合实力。各高校非常重视课程建设，逐步加大了课程建设经费投入，以加强人才培养质量工程建设。为保障人才培养质量，必须加大经费投入力度，特别是加强课程建设经费投入，以确保教育教学质量。

一、教育经费投入对课程建设的作用机制

以会计专业为例，课程建设经费主要用于以下方面：一是项目管理费，用于会计核

算、精品课程的建设评审和验收费用；二是硬件建设费，购置课程建设所必需的电脑、仪器、教具、耗材等费用;三是软件建设费，教材建设（编写教材、讲义、实验指导书等）的有关费用，购置所需的图书资料、用友或金蝶会计核算软件、声像资料等费用，研制或购买CAI课件、课程考核与试题库建设等费用；四是聘请专家费、外出调研和参加学术会议的差旅费、与课程建设有关的论文版面费等费用，主讲教师培训费；五是奖励费，对评为市教委重点课程、市级及国家级精品课程的奖励费用；六是其他费用，与课程建设直接有关的其他支出。

二、我国高等教育经费投入的主要来源

2018年，我国普通高校教育投入共计11 858.77亿元，在经费来源结构中，国家财政性教育经费7449.11亿元，占普通高校总教育经费的62.82%。

事业收入。这部分资金主要包括学费、杂费和其他事业费收入。1989年，国家开始对高等教育实行收费制度。自从1994年实行并轨收费制起，学费收入已经成为学校收入的主要经费来源。这部分收入包括本科生、研究生、留学生、继续教育学生的学费和住宿费。随着高校扩招和收费标准的提高，这部分资金在部分高校已占学校总收入的50%以上，是高校重要的资金来源之一。2018年，我国普通高校总经费中学杂费为2450.13亿元，占普通高校总教育经费的20.66%。

社会捐赠。社会对教育的捐赠主要包括企业、个人、机构的捐赠等。社会捐赠经费投入在我国普通高校教育经费来源中所占比重远低于国外。从我国大部分高校的情况来看，该类收入占比不高，受制约的因素较多，并不能成为高校教育事业投入稳定增长的可靠来源。2018年，我国普通高校教育经费来源中社会捐赠经费数额是51.23亿元，占普通高校总教育经费的比例是0.43%。社会捐赠在一些发达国家是筹集教育经费的重要渠道，美国一些名校接受的捐款与捐赠基金投资收入已占年度预算的20%至40%，日本私人捐赠占公立高校总收入的15%、私立学校则超过50%。

贷款筹资。在很大程度上讲，高校贷款是一种良性贷款，如果政府能对学校发展建设产生的贷款利息给予部分贴息，这将对学校、银行、社会都有利。但是这部分资金来源形成高校的负债，是以高校自身的信用为担保形成的，运用得不适当，容易形成高校财务危机，因此不能成为高校教育事业投入稳定增长的可靠来源。

财政拨款。现有高校教育经费投入模式主要包括：计划投入模式，即高职院校经费由财政部门按计划确定；绩效投入模式，即以完成指标的情况作为拨款依据；招标投入模式，即政府就职业教育培训项目或课题公开招标给予经费。

三、不同地区、不同类型高校教育经费投入模式归纳比较

（一）不同地区高校教育经费投入模式比较

1.国家财政性教育经费所占比例情况。2019 年，全国教育经费总投入为 50 178.12 亿元，比上年的 46 143.00 亿元增长 8.74%。其中，国家财政性教育经费（主要包括一般公共预算安排的教育经费，政府性基金预算安排的教育经费，国有及国有控股企业办学中的企业拨款，校办产业和社会服务收入用于教育的经费等）为 40 046.55 亿元，比上年的 36 995.77 亿元增长 8.25%。全国普通高等学校为 23 453.39 元，比上年的 22 245.81 元增长 5.43%。增长最快的是新疆维吾尔自治区（28.11%）。

2.社会捐赠收入所占比例情况。①清华大学，2020 年获得社会捐赠收入高达 21.36 亿元，排名第一；②北京大学，2020 年获得社会捐赠收入达 12.75 亿元，排名第二；③西湖大学，2020 年获得社会捐赠收入达 6.94 亿元，排名第三；④浙江大学，2020 年获得社会捐赠收入达 4.55 亿元，排名第四；⑤北京师范大学，2020 年获得社会捐赠收入达 4.02 亿元，排名第五。

3.其他投入所占比例情况。从目前已公布的数据看，2020 年共有 10 所高校预算总数过百亿，相较去年多出 2 所。其中，清华大学的年度预算超过了 300 亿元，高达 310.72 亿元，预算经费遥遥领先于其他高校，且相比 2019 年经费也大幅增加。浙江大学年度预算超过 200 亿元，共有 216.20 亿元；北京大学年度预算位列第三，约有 191.08 亿元。中山大学、上海交通大学、复旦大学、山东大学、华中科技大学、东南大学、西安交通大学 7 所高校预算总数也都过百亿元。

（二）不同类型高校教育经费投入模式比较

理工科高校由于学科的优势有一部分经营收入，文科类高校基本没有经营收入，就是有经营收入也显得极其有限，医学院的经营收入相对较多，最高时候多达 870 万元，而部属重点大学由于是文科性质，其经营收入少得多，最高时才 223 万元。新建本科院校就更难过了，几乎没有自己的经营收入。另外，地方高校捐赠收入很少，而名牌大学、重点大学在其他渠道筹措的资金要多得多。中部重点大学每年都能获得数额较大的捐赠收入，最多有 589 万元。地方院校数额很小，不超过 300 万元，新建本科院校历年捐赠为 0。少数民族类院校由于受政策导向的缘故，反而得到了更多的捐赠收入，平均每年可获得捐赠收入 200 万元左右。还有在西部高校，学生多来源于西部地区，受家庭经济水平的限制，相当一部分学生不能按时交纳学费，导致高校收入不足，直接影响了教学经费的投入。

四、会计专业理论、实践课程建设的教育经费投入模式创新

（一）学杂费收入所占比例情况

2010 年，我国各地区普通高校学杂费收入占总经费比重较高的省份主要集中在我国经济并不十分发达的中部地区，如河北等省，数值均在 40% 以上；该年度学杂费收入所占比重较低的地区主要集中在东部经济发达的政治文化经济中心和西部地区，如北京、上海、西藏、新疆等是本年度学杂费收入所占比重最低的省区。

（二）课程建设相关人员投入

以会计专业为例，由于会计专业课程建设需要的资金较大，尤其是一门新的、精品的课程，因此学校在加大投入的同时，也可要求下属二级学院有科研项目的带头人按一定比例投入一定经费。如：学校投入 60%，二级院校投入 30%，会计系投入 8%，会计学科带头人投入 2%。

第四节 基于 SPOC 教学模式的高校课程建设

小规模限制性在线课程（Small Private Online Course，简称 SPOC）教学模式因具有小规模、特定人群和在线开放等特点，越来越凸显其优势，被认为是在线教育的"后慕课（MOOC）时代"，逐渐在大学校园落地生根。本节以 SPOC 模式对 MOOC 模式中存在的问题进行了补充和延伸分析，通过对 SPOC 教学模式的设计进行实践探索，为高校深入、广泛地建设 SPOC 课程体系提供一定借鉴作用，从而促进高校课程改革步伐和提升教学质量。

一、SPOC 的特点分析

在 SPOC 教学平台中除视频学习、在线测试、课程讨论、资源共享之外，还开展多维的知识拓展以及在线答疑，以及线下交流，学习过程中产生的问题在线下学习社区中作为下一节课的课题引导学生参加在线交流和在线探究活动获得解决方案，体现了反转课堂的特点，互动效率更高。SPOC 教学模式与教师的关系更为密切，使他们成为真正的课堂掌控者和个性化教学辅导者。教师可以通过创新课堂教学模式让在线学习超出复制教室课程的阶段。SPOC 产生了更为有效的学习效果，激发教师的教学灵活性，为教师提供一种贴身的、订制式的教学模式而广泛受到青睐。MOOC 的受众过于宽泛，学生来源不定，在课程建设和学课程习的过程中不能对所有学科类、所有课程做到面面俱到。

二、SPOC 课堂教学模型设计

SPOC 教学模式作为建立在 MOOC 基础之上针对大学围墙内的教育，是要配合学习者的多元学习认知特征，建立符合开放式大学的教学设计模式、教学资源建设、线上线下教学活动、互动交流平台、结业成果评价体系以及同步教学测评等，将 MOOC 资源运用到小规模群体中，使优质教学资源得以共享。SPOC 对参加的学习者进行了限制，教师对学习人数、学习者的需求、不同学习者的特征有一定的了解，对教学内容的选择和设计更有针对性，注重学习者的需求与课程设计，教学资源以微课、视频、动画等形式呈现，提高了学生的学习兴趣，增加了课程本身的吸引力。

（一）参课权的管理

针对慕课目前出现的高辍学率现象，SPOC 教学模式对于学习者设置限制性准入条件。可根据学生针对课程的前期了解和准备、学校综合表现排名等因素进行筛选，达到要求的申请者才能进入课程学习。参课权的限制性条件能将课程确实有兴趣且有潜力的学习者发掘出来，从而通过课程学习确定人才培养目标和方向，同时，也在一定程度上对学习者的学习纪律进行约束。先决知识的储备使学习者能够根据要求提前进行知识的预习准备。例如"平面设计与图像处理"课程的先决知识储备内容包括：艺术造型及色彩基础、PHOTOSHOP 或 MATLAB 软件基础，参课权的认定形式包括：提供相关先修课程成绩或者在线自学结业成果以及相关作品、论文等。先修课程成绩可在系统内设定量化判定标准，而创作类作品则由教师负责审核是否符合条件。具体流程为：设置学习者首次进入 SPOC 在线课程注册，可用学号作为用户名进行注册，注册成功后跳转到个人界面，进行实名认证，注册完毕才能登录，通过电脑登录 SPOC 在线课程网页后，进行每门课程的学习之前会有事先设定好的准入条件、课程信息和学生人数，只有完成课程准入条件方可进入学习。

（二）教学资源的建设

SPOC 教学资源主要采用视频讲座的形式将课程内容围绕某一主题设计制作成 15 分钟以内的系列视频，SPOC 视频课程的精练性使其设计有别于传统课程教案，但传统教学的主要环节：导入、讲解、实践及反馈不可缺少。"平面设计与图像处理"课程构建视频教学单元活动的路径主要有两种：第一种为知识讲座模式。适用于需重点讲解知识体系的模块，确保知识理论的时效性，主要以教师讲授配合 PPT 课件以及动画为主。第二种为技能训练模式。适用于实践性强，需大量训练的模块，该模块的形式多样，包括：工程录像、录屏操作、过程展示等，为学习者在理论知识中提供大量课程相关的输入及输出的场景训练。

此外在线课程还须提供丰富的学习资源可供下载和分享，包括工程录像、课件、参考教材、补充材料、作业、测试、在线实验、作品展示、模拟仿真、虚拟课堂等资源，不仅能够更充分地表现教学内容，同时可供其他师生学习和借鉴，实现资源共享。

（三）教学环节的实施

从 SPOC 课程线上学习实施途径上看，既包括在线同步的师生互动，也包括在线不同步的自主学习。①在线学习与管理。"平面设计与图像处理"课程的在线学习为教、学、做、赏一体递进式技能训练链，第一步：教师演示操作步骤，学生模仿。第二步：教师提示重点步骤。第三步：师生思考交流制作步骤。第四步：教师命题，学生独立完成。第五步：学生自主创作。在各个环节中均可以通过 SPOC 在线学习交流平台进行教学互动。②线下学习与管理。"平面设计与图像处理"课程线下学习的学生层面主要包括网络资源自主学习、作业的完成与提交。学习者利用网络资源依据自身学习进度进行自主学习，以便参与在线小组讨论及实体课堂讨论。教师层面是在完成学生作业批改的过程中，及时了解学生的思想和疑惑，线下交流学习过程中产生的问题在线下学习社区中作为下一节课的课题引导学生参加在线交流讨论和解答。

（四）考核标准的认定

SPOC 课程中参加课程的学生需达到规定的预备知识储备与规范学习强度，有学期的概念，积极参与线上、线下学习活动，完成规定的任务和测试，成绩合格者获取该课程学习证书，等同于相应学分认证，甚至与校外签约院校进行学分互认。考核标准包括：SPOC 平台的作业、单元测试以及在讨论组中的表现，也包括在面对面教学中的课堂作业以及课堂表现。而未被选取者则可以自由参与课程学习，自主掌控学习进度与线上讨论等，但不被授予课程证书及学分。

第五节　慕课背景下高校专业课程建设与教学模式

慕课是教育事业国际化发展的结果，体现了全球化发展过程中的合作与分享。慕课为我国教育事业的发展提供了新的契机，丰富了学校的教育资源。因此，慕课受到我国高校教育的高度关注。各高校积极研究基于慕课的课程建设，以优化课程质量，完善课程体系。但是，受传统课程理念的影响，高校课程建设在建设方式、建设理念等方面都存在着很多问题需要我们解决。而将慕课引入高校课程建设过程，能够极大地丰富课程资源，提高课程质量。研究慕课视域下高校课程建设不仅能够优化高校课程系统，而且对高校教育的发展有着深刻意义。

一、慕课的特点

（一）课程数量多且质量高

慕课课程是由多个国家的著名高校发布的，而且发布课程的人员多为经验丰富的权威教师。因此，课程制作精良，数量众多，能够满足学习者的学习需求。并且，慕课课程发布者可以根据教学动态对慕课课程进行调整。另外，慕课课程平台能够根据学习者的学习状态和学习过程为学习者推送动态资源，增强课程的针对性。

（二）课程资源系统全面

慕课课程资源较为系统，慕课平台上的每一门课程都包含教学视频、教学课件、参考书目、测试题、作业等学习资源。并且，在课程讲解的过程中还包含话题讨论、动手操作和教师答疑等环节，教学环节较为完善。另外，学习者可以根据自己的需求增加学习内容，进而增强课程系统的全面性。

（三）课程辅助方式多

慕课课程多以网络的方式出现，具体来说，每一门课程都包括教学大纲、课程公告、家庭作业、学习小组、学习论坛等网页。学习者的作业主要由教师或学习小组进行评价，并将评价结果反馈给学习者。另外，慕课平台实施个性化为学生提供了学习互动、游戏竞赛、线下聚会等形式。

（四）开放的学习环境

慕课平台具有较强的开放性，全球任何地区的学习者都可以使用慕课平台，自由地获取平台上的课程资源。不同地区和年龄的学生能够在同一平台上学习同一课程，并通过博客等社交网站进行小组活动，构成了开放性的学习环境。另外，慕课为教师和学习者建立环境良好的学习社区，将具有共同爱好和共同目标的学习者组织起来，实现了不同时空中知识系统的构建。

二、高校课程建设存在的问题

（一）课程建设理念滞后

受传统课程教育的影响，部分高校在课程建设的过程中课程建设理念滞后，缺乏对课程研发人才的重视。并且，很多高校将课程作为独立的事物，只关注课程本身的构建与发展，没有将课程与学校的人才培养联系在一起，忽视了课程教育的最终目标。另外，还有部分高校在课程建设的过程中只重视理论知识的构建，重点向学生传授理论知识，忽视了学生的学习需求和学生的认知水平，高校课程难以实现对学生综合能力和素质的培养。

（二）课程建设形式化

高校课程建设是一个过程，需要相关研究人员和教师进行长期的探索和实践。很多高校在开展课程建设的过程中，虽然制定了相应的课程纲要和教学计划，但是，课程内容质量不高，甚至有些高校之间相互抄袭课程内容，课程建设只注重形式而忽视了课程内容。

（三）课程建设管理不完善

部分高校对课程建设的管理不够完善，缺乏相关的管理机构和管理人员，课程建设发展缓慢。具体来说，很多高校都没有设立专门的课程建设管理部门，课程建设管理工作直接由学院领导负责，而学院领导缺乏专业的课程建设知识，无法应对高校的课程建设开展专业的指导。并且，很多高校只注重课程研发，忽视了课程研发过程的管理和监督工作，导致课程研发教师在研发的过程中一味根据自己的主观经验构建课程，课程构建的科学性不强。

三、慕课视域下高校课程建设发展的策略

（一）转变课程理念

高校应积极重视慕课资源在课程建设中的重要作用，积极更新课程理念，将慕课资源纳入课程体系之中，积极开展在线课程建设，加强学生对慕课课程资源的使用。并且，高校应积极为学生提供优质的在线教学服务，增强慕课教学的吸引力，通过在线教学指导学生对慕课资源的使用。另外，慕平台应对学科课程进行系统的安排，将视频课程规定在 10~20 分钟之间，并在视频教学中穿插问题，加强学生的思考和练习。除此之外，高校应针对学生的慕课学习资源进行检测，了解学生的学习效果，并根据学生在学习过程中出现的问题进一步调整慕课的课程教学内容。

（二）创新课程模式

慕课强调学生在学习中的中心地位，要求高校课程教学改变传统的教师为中心的教学方法，积极创新课程模式。为此，高校应积极开展课堂研讨教学与慕课平台在线学习相结合的模式，利用慕课资源加强学生的自学，并利用传统课程让教师帮助学生解决在自学过程中的学习困难，提高课程教学效率。另外，学生利用慕课资源进行课程学习能够有效锻炼学生的思维能力和学习能力，对学生综合能力的培养有着直接的促进作用。同时，教师可以利用慕课平台制作并发布相关的专业课程，弥补课堂教学的不足。

（三）开发课程资源

高校应积极重视本土课程的开发，开发具有民族特色的课程资源。首先，高校应加

强个性化优势课程的研究，积极推出具有中国文化特色的课程，将专业知识融入中国文化中，突出课程的民族特色；其次，高校应积极开发本土学术研究和课程教育的平台，重点推广汉语教学，加快文学、艺术等学科课程的开发，突出课程的本土化特征。

（四）加强课程推广

随着慕课的发展，我国高校已经成为慕课课程的主要推动者和组织者，很多高校自主出资开展慕课课程建设，加强推广慕课课程。另外，在社会主义市场经济体制下，市场对慕课起着重要的指导作用，学习市场直接影响着慕课课程的发展。学生在免费试听一段时间之后自愿出资学费以获得成绩认证，而这部分学费将用于慕课课程的维护与建设，如果学生在一段时间的慕课课程学习之后感觉效果不错，继续投入学习费用能够有效加快高校课程建设。

第六节　"互联网+"背景下地方高校开放课程建设模式

"互联网+教育"是随着当今科学技术的不断发展，互联网科技与教育领域相结合的一种新的教育形式。当今社会，信息化技术已经渗透到社会的各个方面，高等教育领域也不例外。在本科高校中，课程是教育最微观的问题，为了提升教学质量，实现以学生发展为中心的教育发展理念，必然要从课程的改革与建设入手。在教育全球化、信息化的推动下，我国的在线开放课程应运而生。为积极应对新生事物对我国高等教育带来的机遇和挑战，教育部相继出台了一系列加强高等学校在线开放课程建设应用与管理的办法与意见，为我国高校在线开放课程建设与应用指明了发展道路。目前，各大高校积极适应新形势，在利用互联网网络平台及科技技术改善教学模式的同时，对于教学内容也在逐渐优化，无论是教师教学机制还是管理机制都有了不同程度的改革，同时也为教育事业提供了新的发展机遇，为更多本科高校学生提供了高质量的课程平台。

一、地方本科高校在线开放课程建设的困境

学校传统的教学方法及授课模式，已不适应"互联网+教育"背景下对教学水平提升的新要求，枯燥的授课模式也不能激发学生的学习兴趣。目前，教育部门为改进教学模式、激发学生学习兴趣采取了相关的改革与措施，但是效果并不显著。传统的教育观念注重知识的传承，忽略了授课时学生的学习程度与接受能力，教师讲学生听的传统模式，导致学生失去了自主思考的能力，麻痹了学生的思维，教师对于学生的积极性不重视，课堂中极少与学生互动交流，弱化了学生主动思考能力的培养。对于学生来说，大部分学生都缺乏自主学习的积极性与创新能力，过于依赖教师，逐渐地影响了学生的学

习兴趣。要解决这一问题，就需要从实际出发，在课题中进行改变，以"在线开放课程"为契机，全方位实施课程建设计划与方案，更新教师的教学观念，真正实现课程以教师的"教"为中心向以学生的"学"为中心的转变。然而，对于"在线开放课程"的开展还存在一些制约因素，需要我们进一步分析与解决。

（一）在线开放课程建设中——管理制度的缺失

在教育全球化、信息化的大背景下，以及教育部门的积极推动下，全国高校都深知启发式教学、翻转课堂的教学模式对学生能力培养、教学质量提升的重大意义，积极开展在线开放课程建设工作。然而，在线开放课程的建设仅仅是其中的一个部分，其重点还是应该体现在课程的应用及运行上。但是，各高校对于这样的新生事物，恰恰忽视了其建设及运行管理办法的出台，导致很多教师在积极参与课程建设、花费大量课余精力的同时，却得不到经费、工作量的补贴，在课程共享运行过程中缺少对课程成绩及学分的明确认定，这将打击教师建设高质量的精品在线课程的积极性，不利于在线开放课程的发展。

（二）在线开放课程建设中——教学理念的陈旧

在传统的课堂教学中，教师的教学理念是教师教＋学生学的模式，教师在课堂中讲解的知识要求学生在课后进行大量练习，忽略了以学生为中心的教学理念。在课堂教学中，教师要带动课堂气氛，激发学生的学习兴趣，引导学生主动参与教学活动、主动思考并提出疑问，以此提升学生的能力和水平，进而提升高等教育质量。然而在各大本科高校中存在着部分教师的教育理念陈旧、专业能力不足、授课能力有限，对于教学模式与教学理念都存在着落后的教学模式，不能正确引导学生参与启发式的教学，从而限制了在线开放课程的开展。

（三）在线开放课程建设中——资金、技术的制约

在线开放课程是一种以网络形式进行学习的课程，学校的经费支持及设施设备技术水平都要为开展在线开放课程提供充足的条件。对于在线开放课程的开展，首先需要有清晰明确的结构设计，无论是教学框架的搭建、习题库的构成还是课程论坛的讨论，都要有完整的逻辑框架；其次，在线开放课程的资源要充足，除了课程本身的教学资源要件要充足之外，支撑课程开展的人力、物力资源也要充足，在线开放课程的运行，势必要有专业的技术人员进行后台技术支持和网络维护，在网络平台的维护和对设备设施的维护方面，需要学校花费大量的管理费用，而高校在人力、物力、资金等方面投入的多少成为限制在线开放课程发展的制约性因素之一。

二、在线开放课程自身的优势

（一）学生能够享受更多的优质资源

通过在线开放课程的学习，学生能够接触到的不只是校内的教师，还可以接触校外甚至国外的教师；能够学习的课程不仅限于本专业的课程，还包括其他专业、其他学校的课程，这大大促进了教育公平，满足了终身学习的需求。

（二）增强学习自主性

在线开放课程的教学拓展了学习的时间和空间，更加适应时代和教育信息化发展的趋势，学生可以随时随地、灵活机动地学习，无论在校内抑或校外、课堂上抑或课堂外。

（三）实现个性化学习

在在线开放课程学习过程中，学生可以利用视频播放的暂停、回退和重放等功能，自行掌控学习的节奏，真正实现个性化学习。在以往传统课堂教学过程中，教师因为需要顾及整体教学进度，很难照顾到每个学生的学习差异，即便个别学生没有听懂讲解的内容，也不能停下教学进程单独为学生答疑解惑。在线开放课程则很好地解决了这个问题，充分考虑了学习者的个体差异，遇到教学难点、重点，学生可以根据自身的情况调整学习进度。

（四）促进同侪学习和师生互动

通过在线开放课程的线上讨论、同伴批改作业、线下讨论等教学环节能够增加师生之间、生生之间学习交流的机会，营造同侪互动、师生互动的浓厚教学氛围。

（五）增强思辨能力

现代大学教育理念已从传授知识转变到培养能力，在能力培养中，批判性思维培养是很重要的目标之一，这一方面正是很多中国学生在基础教育中缺乏的能力。在线开放课程教学比传统课堂教学具有更多的讨论交流教学环节和时间，师生讨论可以随时随地开展，这种以问题为导向的教学有利于学生提高思考和表达能力。

（六）多元评价更加全面、客观地反映学生的学习情况

在线开放课程成绩由线上观看视频、单元测验、单元作业、线下讨论、考试等教学环节构成，彻底改变了以往期末考试单一的课程考核评价制度，多角度、多方位地考查学生的学习情况，评价更加准确、全面、客观。多种教学活动形式有序集聚开展，更能提升学生的教学参与度。

（七）促进教学反思，提高教学质量

通过运用现代教育技术，进行基于课程教学的大数据信息采集分析，能够详尽细致

地反映学生在课程教学各个环节的学习情况，促进教师因情施教，提高教学质量。

（八）提升教师的知名度、荣誉感

在线开放课程的学习者不再局限于本校学生，而是来自世界四面八方；开设范围不再局限于本校，可以扩大至全国乃至全世界，这将有力地提升教师的知名度，增强个人的荣誉感，增强教师投入教学的动力。

三、在线开放课程建设的推进策略

（一）厘清课程特点，明确建设目标

精品资源共享课、视频公开课、在线开放课程三者在我国建设起步的时间相近，都是 2012 年。在课程建设实践中，很多教师还没能分清楚精品资源共享课、视频公开课、在线开放课程三者的区别。在在线开放课程建设过程中，我们必须让教师了解在线开放课程的特点及与精品资源共享课、视频公开课的区别，明确在线开放课程的建设目标与任务，确保取得良好的建设成效。

精品资源共享课是以高校教师和学生为服务主体，同时面向社会学习者的基础课和专业课等各类网络共享课程。精品视频公开课是以高校学生为服务主体，同时面向社会公众免费开放的科学、文化素质教育网络视频课程与学术讲座。在线开放课程是指利用专门的互联网服务平台，面向全球学习者进行知识传授的课程。在线开放课程与资源共享课、视频公开课最大的区别在于"建以致用"和"为教学服务"。从课程建设架构要求来看，精品资源共享课从优质资源共享角度提出了建设要求，但是对于学生使用教学资源程度及通过使用教学资源达到的教学效果没有有效的测评工具。精品视频公开课的建设着眼点在于"视频""公开"，强调优质视频资源的推广与普及，扩大优质教学资源的受众面，对于学习者的学习效果同样没有工具可以测量。在线开放课程相对于资源共享课、视频公开课，其课程建设架构不仅有视频和资源，最突出的优点在于：运用现代网络技术与教育教学相结合，设置视频媒介提问、单元测验、作业、在线讨论等多种教学环节，学生参与每个教学环节的学习情况与课程考核成绩相关联，有效提高教学视频、习题、试题库等教学资源的使用率。得益于日臻成熟的网络技术，在线课程学习过程中能够生成大数据信息，运用大数据可以为学习者提供优质高效的全方位个性化服务。通过课程在线学习的大量数据分析反馈，教师能深入及时了解掌握学生的学习状况，因材施教，改进教学；学生在各类数据的反馈中能够清楚了解自己在整个学习群体中的状态，知己知彼，增长学习动力。

（二）明晰发展理念，制定建设原则

推进在线开放课程的建设工作，高校应有周密、充分、合理的顶层设计，明确建设

理念和规划，把握在线开放课程建设的关键点，遵循"走出去、请进来、以点带面、广泛参与"的建设原则，推进在线开放课程建设工作。

所谓"走出去"，即为学校遴选名师名家、教学状态优、教学效果好、教学改革与建设富有成效与特色的课程，制作高质量的在线开放课程，在校内试用改进成熟后，积极做好对外推广工作，与国内外知名在线开放课程平台建立联系，将课程推介至国内外知名 MOOC 平台，如 edx（开放在线课堂平台）、Coursera、中国大学 MOOC、学堂在线等，开放给其他高校在校学生及社会学习者学习，促进优质资源共享，提高教师知名度，提升教学质量。所谓"引进来"，是指学校可以与国内外知名在线开放课程平台合作，依据本校学科专业设置及学生的特点，选择平台上由其他学校教师或社会知名学者开设的课程，供本校学生学习。学生通过课程考核后，可以获得课程学习证书，所在学校承认课程学分。积极引进校外优质资源，一方面可以开阔学生的视野；另一方面可以倒逼本校的教师反思教学，改进教学。"以点带面、广泛参与"指学校着手建设课程之初，选取教学资源齐备、教学效果好的课程进行建设，通过优秀课程的示范效应带动更多的教师加入在线开放课程教学之中，投身到教学改革方法探索与实践中，提高教学质量。

（三）定期开展培训，扩大影响

让教师认识、了解在线开放课程，接受、认可并且加以应用是一个循序渐进的过程。顶层设计明确之后，学校应当定期组织培训，让教师了解现代网络信息技术与教育教学相融合的发展趋势，知晓学校对于在线开放课程的发展规划，明确了课程如何生成、运用于教学，课程平台的各个模块如何操作，拉近在线开放课程与教师之间的距离。培训内容的安排应由浅入深、由理论到实践，主要内容包括：MOOC、SPOC 的概念，学校平台或其他课程平台上建课、开课的步骤，MOOC 课程的教学设计，主要包括教学视频和线下教学讨论活动的设计等。通过组织大规模定期培训，促进教师更新、转换教学理念，普遍提高教师在教学活动中运用先进网络信息技术的能力，同时能够不断遴选优质课程打下广泛的基础。在教师了解、熟悉 MOOC 理念之后，还可以通过翻转课堂教学观摩、翻转课堂教学比赛、建立微信、QQ 群开展在线开放课程建设信息推送等方式加深教师对于在线开放课程的认识、理解。对于在线开放课程的开展，不单单是学生从中受益，同时教师也是学习者。教师要根据新的教学模式进行碎片化教学，重构课程知识体系，拓展知识储备，提高现代教育技术能力。高校也要针对不同的角色进行合理的培训，对教师、管理人员、技术人员等都要全面培训学习，一方面注重培养教师的现代技术操作能力；另一方面也提高了教师本身的专业能力。在线开放课程的开展，利用现代技术促进教师实现教学信息化，更好地教书育人。

（四）健全激励支持政策，增强改革动力

国内高校课堂长期以"满堂灌"的教学方式为主，要想让教师接受并应用在线开放课程"翻转课堂"这种全新的教学方式，除了加强宣传外，还必须建立全面的激励政策，采取给予经费、项目、增加工作量等措施提高教师投入教学改革的积极性。对于参加改革的教师要给予足够的教育技术支持，让教师认为从事这项改革并非非常困难的事情。对于教师的改革成果，学校要给予大力升级、推广，增强教师的教学成就感，才能促使更多教师投身到在线开放课程建设与改革当中。对于在线开放课程的建设高校应积极创造条件，制定政策，保证课程的共享，保证共享课程的合法权益。在学分认定、校内指导教师工作量认定等方面做出明确的规定。各高校也应在课程申报条件、程序、上线运行与共享上加以制度的规范，在课程的成绩与学分认定、教师的经费资助、工作量计算及课程质量管理等方面明确相关管理办法，构建系统完善的在线课程建设与管理办法，以期尽快规范在线开放课程建设与管理。

（五）改变传统的教学模式及授课过程，加大建课力度

建设在线开放课程旨在促进学校转变教育教学观念，引领教学内容和教学模式改革，实现以教为主向以学为主转变、以课堂教学为主向课堂教学与课外教学相结合转变。同时，授课过程也需完善优化。首先，教师要对自己的角色定位有重新的认识，改变以往以教师的教为课堂教学中心的观念，在新模式的教学理念中，教师应是指导者与组织者，积极引导学生充分发挥想象力及创造力，促进学生应用型能力的培养进而全面成长；其次，改变传统的教学模式，在新模式的教学中，教师要充分地利用多元化的教学模式激发学生的学习兴趣与热情，培养学生自主学习的能力；第三，教师应积极开发新的教学资源。教学资源的开发也是一种课外拓展的形式，对于学生的教育不单单是课本教材中的知识，应该结合学生的实际情况进行研究，开发新的教学资源，提高学生的拓展能力与理解能力。

另外，为了推动本科高校在线开放课程建设的深入开展，需要充分利用平台及信息科技手段进行大量宣传，要多方面多渠道加强本科高校在线开放课程建设力度，让高校真正认识到在线开放课程建设及推广运行对教学质量提升的重大意义。为此，开展本科高校在线开放课程的建设不仅需要社会的关注，也需要政府及教育部门大力的支持，在资金方面及宣传平台上都给予帮助，更好地把在线开放课程的优势展现出来，让学生亲身体会在线开放课程对自己学习的影响及帮助。各本科高校可以采取竞争的形式促进课程质量的提升，把在线开放课程落实到学生的学习中，不仅提高学生的学习成绩，同时有助于各本科高校的教学质量不断地提升。

基于"互联网＋教育"背景下，开展本科高校在线开放课程的建设工作，不仅使学

生受益，教师也可以通过新的教育模式丰富自身的专业知识，在教学过程充分发挥引导作用。2018 —2019 年，教育部推出了两批共 1291 门国家精品在线开放课程。2018 年的全国教育大会提出充分应用线上"金课"来进行本地化改造，进而充分探索线上"金课"的多种应用模式，以此打造适合校本学生特点和培养需要的"金课"，这都标志着在线开放课程的应用逐渐进入正轨，教师不再是学生获得知识的唯一来源，教师们要转换观念、更新技术，投入到教学改革中来，为学生们打造更高效的、属于学生自己的"金课"。学校的管理服务部门必须做好在线开放课程的改革发展规划，建立完善的课程发展体系，为建设课程的教师提供充分的政策、技术支持，帮助教师解决问题，才能推进在线开放课程建设工作，从而提升教学质量。

第七节　项目管理视角下的地方高校开放课程建设模式

一、地方高校开放课程视频资源建设存在的项目管理问题

（一）开放课程项目视频资源建设持续健康发展动力不足

目前地方高校已经开始重视开放课程资源的建设，投入了大量资金聘请专业公司制作课堂全程录像，但校方外来制作公司之间缺少业务沟通，只是单纯地负责结算项目制作费用以及公司团队食宿费用，很少就项目开展情况进行质量跟踪和进度管理。从实际情况看，地方高校各类在线开放课程建设项目往往是出于体现政绩的功利性目的，很难常态化投入大量教改经费用于视频资源制作。地方高校视频资源建设过程并没有体验其内涵——培养学生学习能力、培养创新人才，而是仅仅把它当作一项"争项目、争经费工程"，以致在线开放课程建设出现功能性障碍，使得在线开放课程作为一种资金密集型与技术密集型的长期系统工程，以网络教育整体效益最大化为终极目标的资源使用效益无从发挥。

在线开放课程建设项目管理受人力资源因素影响非常大，管理对象包括各种掌握专业技能的校内教育技术人员、教育教学专家、专业制作公司人员，必须保证每一个项目成员的适当利益以激发他们的敬业精神才能高质量地完成项目建设。教育技术、教学管理、教学资源设计等各部门在实施项目时分工不明，工作孤立，缺少有效沟通，成员是从各职能部门抽调，以部门来划分职责，成员作为个体在项目中的责任淡化，利益也不容易得到保障，因此积极性不高，管理责任不明，给在线开放课程项目视频资源建设带来很多问题。另外，教育技术人员的管理技能也相对匮乏，现阶段不能满足高效管理的需求，还处在凭经验管理阶段，还不能科学有效地管理开放课程项目视频资源建设，还

没有全过程的、动态管理的意识，对项目进行过程中的各种意外情境和问题缺少应对措施，项目实施过程中也疏于对外来专业制作公司进行质量跟踪和监控。

（二）开放课程项目视频资源建设经验缺乏

目前各地方高校在开放课程视频资源建设过程中，各自为政、互不干涉、独立建设，缺乏必要的信息沟通和技术研讨措施，投资方案不规范，造成了各校重复性建设，资源严重浪费。主要原因是项目完成后很少建立文档资料，教育技术项目管理水平还处在初始阶段，项目绩效不能保证，项目经验总结归档与信息共享（为其他地方高校相似项目管理做参考）则无从谈起。

在线开放课程项目资源建设实施时，通常由行政职能部门牵头，通过部门领导协调，由其他职能部门提供技术支持。其间，各部门往往只注重自身局部利益，忽略项目的整体大局和建设目标；没有明确规定项目负责人，工作出现问题则互相推诿，推卸责任。

目前地方高校部门在线开放课程项目视频资源建设时组织的松散团队，割裂了项目的整体性，成员间缺乏项目管理意识，不按项目管理的规范办事，难以配合协调，时常发生项目延迟，使得项目难以顺利实施。教学管理部门作为项目合同采购方与专业教师作为使用方之间没有很好地沟通，导致课程视频资源使用效率低下。在教学管理方面，很多地方高校在开发开放课程视频资源时，缺乏统一规划，缺乏预算管理，影响了信息化项目管理效果。教育部已经制定了开放课程建设的相关管理制度，地方高校也日趋重视开放课程项目政策的建设，但在日常执行过程中并没真正按相关制度执行。教育主管部门在地方高校在线开放课程视频资源总体建设质量不高的情况下，只得严格审核，针对质量问题令其限期整改，以保证一定数量的开放课程能投放到网络平台上，其实施效果显然难以达到最佳。

二、地方高校开放课程视频资源建设运用项目管理的策略措施

（一）构建扁平化横向管理组织，规划、实施和监控开放课程视频资源建设

从近年来地方高校开放课程视频资源建设实践中，我们发现，视频资源的建设工作已不是地方高校教育技术中心这样一个单纯技术部门能独立完成的任务，除了健全跨部门的项目组织机制外，还需要培训一批综合实力强的教育技术管理人才，使他们既懂视频资源建设的专业知识，又懂管理。

在开放课程建设项目中，应在地方高校内部成立由教育技术项目指导委员会指导下的扁平化横向管理组织，由项目管理办公室运营，教学设计专家、教育技术人员、网络在线课程运营专家等人员，在纵向结构上归属各职能部门并保持业务上的联系，但同时横向组团接受项目的任务安排。项目负责人经高校教育技术项目指导委员会授权对项目

结果负责，职能部门领导为项目提供资源支持，促进项目团队内不同专业背景的成员互相交流，各职能部门资源也得到灵活利用。具体实践过程主要包括以下方面：

1. 项目规划

教务处负责课程视频资源建设工作的领导作为项目管理办公室负责人，教育技术部门视频资源建设负责人则作为项目经理，负责各项工作的执行。项目团队组建完毕后，开展需求分析工作：一是课程视频资源的设计（拍摄内容、机位布置、录屏软件的应用等）；二是资源制作流程的设计（时间、参与人数等）；三是学生对课程视频资源的兴趣。

项目正式开始后，把可交付成果和项目整体工作分解为较小的、更易于管理的组成部分，进而对整个视频资源的建设进度安排进行大致的计划，可分为四个阶段：一是在制作公司正式进驻拍摄前，安排课程组教师使用学校自备摄像机进行试拍，规范教学仪态，熟悉多媒体设备操作，减少正式拍摄时的意外情况发生概率，并减少相应的成本支出。二是当一门课程雇请制作公司入驻拍摄时，由项目经理招募愿意有偿参与视频资源建设并了解相关技术的师生现场观摩，获得必要的临场经验，以备将来能以相对较低的成本，独立完成后续课程资源的制作。三是一门课程拍摄完毕后，由项目管理办公室协调，项目经理组织其他课程组教师观摩研讨制作公司拍摄的原始素材和制作完成的成品，对课程组教师进行培训，使教师掌握开放课程视频资源的质量要求，减少后续课程拍摄的时间消耗和制作成本。四是选拔确定本校开放课程视频资源制作小组成员，请外来专业制作公司成本巨大，为了这项教育投资能长期维持，有必要将来安排校内人员并辅以必要的激励措施接手完成视频资源的制作。在对任务进行分解后对每项活动做出成本预算、时间规划和人员安排。

2. 项目进度执行与监控

执行阶段的主要任务就是按项目规划进行工作并全程监控和修正，对任何进度上的延误、意外环节的发生或经费上的超支都要及时采取修正措施随时记录下来，接受项目管理办公室和其他成员的查询。进度控制主要根据分解后的任务，把时间紧迫的视频资源建设环节用日程倒推的办法制定每日详细工作内容，然后做好进度管理控制的协调工作，包括与投资方（高校教学管理部门）、承建方（外来专业制作公司）及学校各课程组专业教师之间，调配资源做好保障措施，保证项目每个阶段都能顺畅实施。在项目执行过程中特别要注意各类文档尤其是纸质文档的整理，并保存直至有效期结束。

地方高校作为开放课程项目的视频资源建设方，成本控制关键在合同拟定后的实施阶段及时获取成本明细信息，做好由于课程授课教师各种因素造成的成本变更控制和应对，最终将成本控制在预算可接受的变化范围内。任何投资项目都需要有风险控制，在开放课程项目视频资源建设早期，结合各种可能因素，分析风险关键控制点，以制定应急预案，避免忙乱中出现更大的错误和损失。

（二）成立网络型组织结构，在保持质量的前提下合理规划开放课程资源效益

网络型组织结构是教育信息化背景下，借助教育服务商力量发展起来的一种组织结构，由开放课程项目经理组成小组充当非常精简的中心机构，组织大部分职能以招标形式外包，包括视频资源建设研发机构、教学资源制造商、开放课程运营管理咨询机构和校内教学管理、教育技术部门，具有更强的应变能力，保证项目经理有更多的精力投身于开放课程视频资源国际最新发展形势的研究。这种组织形式立足于以几个固定连接的业务关系网络为基础的小单位的联合，但有必要有效地调控，以项目经理小组为中心保持各业务单位链接间的畅通，并随时根据需求增加调整链接组成单位，以提高组织结构的工作效率。地方高校普遍的发展目标将是重点培养工程师、高级技工等适合企业需要的人才，校企合作开发实践型课程视频资源势在必行。宁波某所地方高校的精品资源共享课视频资源由于紧密切合生产实践活动，有丰富的软件操作讲解屏幕录像资源，实用性高，社会效益显著，国内著名数字教育资源服务提供商出资将其改造为 MOOC 视频资源，后续发展势头良好。但由于项目经理小组经验不足，没有组织相关机构及时参与协议签订等工作，使得课程视频资源以比较低的价格将版权转让，没有产生更大的社会效益和经济效益。

诚然，地方高校建设开放课程资源过程中，出现了很多问题，但大多与利益驱使、管理不到位等因素有关，而不是开发视频资源的形式有什么方向性问题。历史发展的潮流不可阻挡，开放课程资源的全社会共享是整个教育发展的必然趋势。但是开放课程资源特别是视频资源建设需要投入大量的人力、物力和财力，在我国现有的教育条件下，走向高质量课程全面开放的过程尤其需要理性的导向和规范。剖析我国地方高校开放课程资源建设的投资结构及其"高投入、低产出"现象的影响因素，以期能够理性规划、引导、控制开放课程资源建设的各个环节，使其健康发展。

第五章　高校课程建设改革研究

第一节　高校通识教育类课程改革与建设策略

传统教育模式下，课程仍然是实现教育目标的主要载体，是教育的基础性要素。对于通识教育而言，通识教育课程则直接关乎通识教育的基本质量，影响着通识教育目标的达成。本节梳理了通识教育课程理念和分类，总结了高校通识教育在实践过程中已取得的成绩，并针对存在的问题提出了改革建议。

完整意义的大学教育由通识教育和专业教育共同构成，通识教育注重"人"的育成，专业教育专注"才"的培养，二者相互依存、不可分离。通识教育的目标体现大学教育旨在培养健全"人"的极致理想，这意味着个体将被塑造成为一个身心健康、德才兼备的人，除掌握丰富专业知识和娴熟技能外，还要具备高度社会责任感和道德正义感。广义的通识教育主要有两种实现形式：第一课堂的正式课程教育和第二课堂的非形式教育，涵盖除专业教育外的所有教育内容。在传统教育模式下，课程是实现教育目标的必由之路，而通识教育课程则是高校通识教育实践的基础，一方面，它是通识教育实施的主要载体；另一方面，它也是关乎通识教育成败的关键因素。

一、通识教育课程的理念

随着我国高等教育的不断发展和教育理念的不断深入与创新，高校教育过于专业化的弊端和局限性越发凸显，通过建立和完善高校通识教育课程体系，逐步实现大学教育的现代化发展，已为学界普遍认同。

从现实角度来看，在当今的社会经济、政治、文化条件下，片面地掌握单一的技术已经不可能适应现代社会经济发展的要求。在新的时代要求和社会需求下，实施通识教育，健全高校通识课程体系意义重大。

首先，通识教育可以提高专业化人才的基本素质。专业化人才有必要突破个人专业相关知识和技能的局限，发展除专业以外的知识和能力，比如培养起基本的人际沟通技能、基本修养等。

其次，开展通识教育可以为学生未来就业打下良好基础。在高校大规模扩招的今天，大学生数量激增，就业形势日趋严峻，而通过开展通识教育课程，则可以实现学生实践创新能力的增强和人文科学素质的提高，使之具备较全面的能力，从而大大提升高校毕业生的就业竞争力。

再次，从当前我国高校教育存在的问题来看，学生人文精神缺失，创新动力不足，素质结构失调，需要通过实施通识教育的人才培养模式来解决这些问题。学者们认为"教育的本质是培养健全的人"，高等教育应该肩负起培养学生健全人格，传播科学、人文精神的使命，使得学生在掌握不同知识、认识不同文化的同时，形成独特思维方式，养成独立思考和探索自然与社会的习惯。在某种程度上，这也就是通识教育的教育目标。

最后，高校通过开展通识教育，不仅扩大了学生的知识面，而且激发起学生探索不同学科领域知识的积极性，从而帮助学生拥有更合理的知识结构，形成更为多元化的分析思维模式，领会知识的深层价值，实现知识和方法的更好运用。社会发展对人才专业化和人才素质提出了更高的要求，单一的专业化教育无法弥补提高人才素质的迫切需求，而通识教育则为学生提供了更为多元的选择机会和平台，破除了不同专业学科教育间的屏障，使得学生认识到不同学科间的碰撞与弥合，不仅帮助学生形成较为合理的知识结构和较为完整的知识体系，也使学生学会尊重和理解不同知识、不同文化、不同思维模式，从而促进大学生对于自我、社会、自然、人生的认识和理解，领会其相互关系，并能在日趋激烈竞争的多元化社会中实现更好的生存和发展。通过提供专业教育以外的人文社会科学方面的教育，使大学生获得一般性、广博性知识，实现科学、人文的相互融合。高等教育旨在培养身心健全发展、德才兼备的专业化人才，大力培养具备扎实专业基础、高水平综合个人素质、勇担社会责任，同时具备独立思考判断力、实践能力和创新精神的复合型专门人才是通识教育课程的理念基础。

二、通识教育课程的分类

不同大学的通识教育课程内容不同。复旦大学的通识课程主要包括文明对话与世界视野、艺术创作与审美体验、哲学智慧与批判思维、科技进步与科学精神、文史经典与文化传承、生态环境与生命关怀六个模块。北京大学主要从社会科学、历史与文化、数学与自然科学、语言文学与艺术、哲学与伦理五个领域对通识课程进行了设置。哈佛大学的通识教育课程充分考虑了学科领域间的内在逻辑性，并按照最有利于增长学生知识能力的组合方式划分通识教育课程内容，在具体设置上，包括文学艺术、科学、定量推理、外国文化、社会分析、道德观念和历史研究七大领域。

高校通识教育课程旨在提供给学生"专业知识"这一基本教育导向以外的全面发展的教育理念，促进学生深入精神感悟，加强学生人文修养，开拓思想视野和思维方式。

目前，在我国通识教育实践中还存在诸多不足，比如通识课程体系不健全；通识课程设置较为随意、零散；通识课程建设以教师自由申报为主，缺乏相关审核标准；高校对于通识教育、通识教育课程设置、通识课程教育目标内涵等认识不够。

通识教育旨在为不同专业性质的学生提供一个交流学习、思想碰撞的平台，为学生提供相互了解和心智享受的机会，其核心课程体系应涵盖六个领域：

第一，人文科学与文化。该领域的通识课程主要培养学生的人文修养，增强学生人文意识和人文关怀，促使学生开阔文化视野。例如"葡萄酒与法国文化""社交礼仪""中国现当代文学名篇导读""西南族群与文化"等通识课程。

第二，社会科学与道德。该领域的通识课程设置旨在帮助学生熟悉和掌握社会科学的重要理论、观点和相关研究方法，促进学生更好地理解人类行为和现代社会。例如"中国民俗""社会生态学""管理沟通""生命伦理学"等通识课程。

第三，自然科学与技术。该领域通识课程设置涉及以物理、数学、生物等为主的自然科学和工程技术等，旨在帮助学生了解自然科学与技术的重要性及其发展，形成对该学科范畴的整体理解。例如"动物行为学""昆虫世界""室内健康植物"等通识课程。

第四，医药科学与健康。该领域通识课程设置主要目的在于帮助学生了解人类身体发展规律、特点、疾病、治疗等，从而引发学生对于自身健康的关注，增强学生自我保护意识，自觉锻炼身体素质。例如"食用菌学""大学生心理健康教育""运动营养学"等通识课程。

第五，艺术科学与审美。该领域的设置主要通过多元的艺术呈现方式，启发学生对于艺术作品思想的领悟，培养学生对艺术作品的理解与鉴赏，提高学生审美意识和审美创造力，陶冶个人情操。如"影视剧音乐鉴赏""西方文明中的音乐""服装设计与欣赏""红楼服饰"等通识课程。

第六，创新精神与创业。该领域的通识课程主要目的在于培养学生自主创新意识，发扬创业精神，提高创业能力，积极应对严峻的就业形势。例如"大学生职业发展与就业指导""公务员报考与公文写作"等通识课程。

目前，国内高校通识教育课程划分标准多样，但总体而言，高校通识教育通常围绕五大模块开展通识教育实践，即：一、核心能力培养模块，主要涉及多种外语、计算机、逻辑及领导力的培养等；二、自然人发展模块，主要帮助学生建立起人与自然的关系；三、社会人成长模块，主要通过人文学科以及政治、经济等社会学科引导学生，帮助学生建立起对人与社会关系的正确认识；四、个人道德成长（社会人成长）模块，主要通过哲学伦理教育培育具有健全人格和较高社会公德、社会责任感的人才；五、国际关系认识模块，主要通过教授国际政治、经济、政策、时政等，拓宽学生的国际视野。

另外，高校在设计通识教育课程体系时，一般遵循三个原则：一是以育"人"总目标为导向设计课程，内容确保人文、社会、自然科学之间的平衡；二是引进国内外优秀课程资源，优化现有通识课程；三是组合选课方式（通常是必修与选修），尝试丰富课程内容，拓展课程模块，力求通识教育课程设计的多元化，以满足不同学生的个性化需求。

三、通识教育课程的实践

（一）高校通识教育的实践成就

在国际范围内，与其他国家的诸多高校相比，我国高校对于通识教育的觉醒较晚，但是诸如北京大学、复旦大学等国内高校在通识教育的实践过程中还是取得了一定的成果的。

首先，教学手段、教学模式多样化，摒弃过去的单一式教学。比如，通过开展随堂主题演讲、课堂体验式教学、小组化讨论学习等丰富、新颖的教学方式，不仅加深了学生对于知识的理解，提高了学生的思辨能力，更激发了学生的学习兴趣。通过相互启发、分享阅读等形式促进学生间的合作式学习，实现了学生为主、教师为辅的启发式教学模式，提高了教育的实效性。

其次，我国高校逐渐意识到通识教育的重要性，并把通识教育课程设置于课程体系设置摆在了加强高校建设的重要位置上。

最后，高校内实行导师制，把导师带入到了大到学生人生观价值观的建立、学生个人发展取向，小到学习习惯、课程选择上的影响角色上，突破了传统的知识传递单一角色局限性，发挥了导师更多维的角色示范作用。

（二）高校通识教育课程教学中存在的问题

1. 对通识教育认识不足

目前，我国高等教育还沿袭着传统的教学模式和授课方式。高校内的通识教育，在实践形式上也以教师授课、学生听课的形式为主，不少高校对于通识教育的认识存在欠缺，甚至误解。这突出地表现在高校没有认识到通识教育课程在整个高校课程体系中的重要角色地位，依然视通识教育课程为辅、专业教育课程为主。学校的课程设置间接影响学生的课程观，把通识课程视为"不实用""没用"。因此，也"不必太在意"的错误认知，并理所当然地认为之所以选择通识课是"学校要求"，"只有修够该类课程学分才能毕业"。他们选择这类课程的标准只是教师要求是否严格，这门课程是否好通过，是否能够轻松拿到学分。长此以往，诸如此类的看法和认识致使我国高校内的通识教育地位不高、重视度不够的固结问题。有研究者指出，我国大学对大学通识教育最大的误解就在于：仅仅把通识教育课程作为扩大学生课外知识视野的一个补充、一个途径，而不是本科的主要课程和基础训练。

2. 管理体制不完善

目前，我国高校通识教育课程在管理机制、教学组织机构设置与管理方面都存在不足。具体来讲，存在的问题主要包括教育教学经费投入不足；教学管理散漫、薄弱；缺少关于通识教育理论研究的课程教研室、课程管理中心；高校通识教育课程管理以及教务处为主，各院系辅助监管，有的由教务处直接兼管，但人力、物力投入相当有限；通识教育课程的课程安排往往让位于专业课程，绝大部分被用于非正式教学时间范围内授课，进一步增大了通识教育课程的监管难度，致使通识教育课程的日常管理也"力不从心"。

3. 课程设置缺乏总体平衡性

高校通识教育课程的设置缺乏科学而规范的管理和协调，所设置的课程在内容上具有较大的随意性，各学科领域的课程间缺少内在联系和逻辑性；在设置形式上绝大多数通识教育课程以教师个人申报、教务处审批为主，各通识教育课程无法达成学科领域间的相互融合、实现有机组合，缺乏总体平衡性。

4. 师资力量薄弱

高校通识教育师资力量薄弱，究其原因主要是教师担任通识课程教学的动机参差不齐。通识教育课程的教学报酬较低，有些高水平的教授不愿意担任此类课程的教学工作；有些一般水平的教师出于完成教学任务的压力，不得不承担此类教学工作；有些教师不符合担任此类通识教育课程的授课基本要求，但又苦于短时间内无法提高教学效果，因此无法担任此类课程的教学工作；还有些教师原本备课授课任务重，但又得不到合理的备课，于是影响了教学效果，甚至即便有能力也不愿担任此类课程的教学工作，长此以往，就形成了高校通识教育整体师资水平不高、教学效果不佳的现状。

5. 教学过程粗糙

目前，在不少国内高校通识教育课程的教学课堂上存在"随意性"的现象。通识教育课程多以大班形式授课，在此基础上，授课方式受到较大局限。教师一般采取灌输式的讲述，基本不组织学生进行讨论或发言。教师开设通识教育课程的初衷不尽相同，其中不乏为了完成任务量而多出售教材者。该类教师上课更多的是在走形式，按量完成规定教学学时即可，忽略了教学的"质"。通识教育课程学时有限，要在极其有限的学时中完成大量内容的教学，存在较大困难，教学内容只能被删减。通识教育课程教学过程中存在着软管理、缩内容、挤时间、降标准等现象，都没有遵循通识教育的理念，使得通识教育陷入被动和盲目的境况，大大削减了通识教育课程教学的质量和效果。

6. 评价方式随意

在通识课程的评价方式上，我国高校通识教育也存在不足。具体表现为：通识课程考核方式的教师自主性较大，这就难免在考核标准上随意现象的出现；此外，大多课程考核测试的管理也较为松散、监考力度不够；很多课程的成绩仅以最后一次期末考核为主，中间少有期中测验，致使评价失之偏薄；考核形式多以论文提交和开卷考试为主，相对单一；因此，对于学生而言，取得成绩较为容易。

四、高校通识教育课程的改革建议

（一）树立正确的通识教育观和课程观

高校通识教育课程体系建设的目标是实现学生理智与情感的统一、人格与学识的统一、身体健康和心理和谐的全面发展。高校应明确所谓通识教育的课程体系建设绝不是各种学科课程的随意拼凑，而是一个内在相关、逻辑相承、具有一定结构功能的有机系统组合。将高校通识教育课程体系作为一个系统整体意味着，高校不仅要充分认识"健全人"的知识需求、精神追求、思想内涵，还要通过对人文科学、自然科学、社会科学等知识领域通识教育课程的有效划归，落实这一认识。

（二）明确通识教育课程教学目标

目前，我国高校对于通识教育课程教学目标认识还存在很大不足。因此，对通识教育目标的梳理和重新制定至关重要。通识教育目标的划分应着眼于提高学生的整体素质和基本能力，而非继续理解为单一的知识灌输。确立一个清晰明确、完整而全面的目标体系，是实现高校通识教育改革的必然要求。这一目标的制定要以现实国情为依据，再结合具体的校情做通观考虑。在坚持总目标不变的前提下，必须制定各层级目标，实现总目标的细分、细化，从而切实促进普通高校通识教育课程教学目标的实现。

（三）优化革新通识教育课程

通识教育目标的实现离不开通识教育课程的设置与具体实施。通识教育课程的设置必须立足并具体体现通识教育课程的最终目标。对于通识教育课程的选择应由高校组织专家评审讨论，摒弃旧有的自行上报申请形式，从根本上保障课程质量。在课程内容上，注重内容的深刻、准确、严谨性，而非泛泛而谈的"概论"式。此外，在课程设置上必须有科学的参照标准，以确保课程设定的科学性、规范性。唯有从整体上考量各领域的课程内容，兼顾课程质量、权重、数量比例，才能形成系统而有效的课程体系，达成既定通识教育课程目标。

（四）加强师资队伍建设

师资队伍是关乎高校通识教育成败的一个关键因素。目前，我国高校的教师大多都是在单一学科的专业模式下培养出来的，其特点是精于某学科专业知识，但另一方面，却也缺少跨学科间的知识链接与理论构建意识。这部分老师在教授通识教育课程时不免陷入知识结构单一、教学理念陈旧的弊端中，有悖于通识教育的理念。事实上，高校可以采取一些措施改善现有师资质量，一方面，遴选部分有意担任通识教育课程教学的教师进行培训学习或者交流访问。也可鼓励教师间合作教学，由多位教师上同一门课，形成课程教学团队，避免长时间定人定时授课的倦怠、疲乏的现象发生。或者整合校内外资源，聘请高水平教师，打造精品课程。另一方面，在保证教学质量和教学效果的前提下，给予教师一些教学外围形式上的便捷和支持，比如改善教学条件、优化时间安排、提高课酬待遇、编订课程讲义、出版课程所需教材等，从而为壮大通识教育课程师资队伍提供有利条件。

（五）设立专门的管理机构

设立专门机构来设计、管理通识课程，对于通识教育课程体系的不断完善和发展具有重要的作用。高校应提高对通识教育的重视程度，从政策扶持、资金投入等方面为实现通识教育课程改革提供便捷，围绕通识教育的理论探究、运行实践、效果评价、体系建设等方面，设立专门通识教育课程工作的教研室、管理中心或独立学院等相关机构，实现高校通识教育的独立化、科学化发展。

（六）完善通识教育课程实施的配套制度

良好的教学效果和最终通识教育目标的达成离不开课程教学的顺利开展与实施。落实理论层面的通识教育目标和通识课程体系的建设，需要实践的支撑和配套制度的保障。而专项资金保障制度、通识教育课程教学质量监控制度、科学教学评价制度则是通识教育课程改革中的重中之重。整个高校通识教育课程体系建设、实施、发展的每一步都离不开资金的支持。所以，高校应首先根据实际情况制定切实可行的资金使用条例，使资金在划拨、供应、使用等各个环节有章可循，保障通识课程体系资金链。要想保障通识课程教学质量，高校必须健全通识课程教学质量的监控与评价制度，确保教学质量监控与评价的主体多样性、层次多重性，实现更为全面、客观的高校通识课程教学质量评价。

五、艺术素养培养和通识选修课的关系

（一）通识选修课是提高大学生艺术素养的重要途径之一

国家、地区经济建设离不开文化和科技的发展，更需要人文艺术素养高的复合型创新人才。地方高校服务于社会经济的发展，在履行好"人才培养、科学研究、社会服务、文化传承"职能的过程中，要积极拓展培养方式、职能交融渗透，培养多学科背景下契合地方区域经济发展需求的复合型创新人才。在日益重视的艺术教育发展过程中，高校艺术教育已逐步建立起独立的体系。从开设艺术类课程和选修课程、纳入教学计划、计入学分到校园文化艺术氛围的营造，从零散的艺术教育开展到系统的艺术教育管理，高校的艺术教育类通识选修课程正一步步走向成熟。

（二）通识选修课应以拓展大学生人文、艺术素质为主要目的

当代大学生经过小学、中学的艺术教育普及有了一定的艺术素养基础，进入高校后的艺术教育课程更加丰富。但是对于在通识教育过程中，如何结合专业提高学生的人文和艺术素养，培养有创新能力、全面发展的人才之路有待进一步实践。明确了培养目标，在艺术教育过程中，学生多学科的知识学习让自身的知识储备得以不断积累，接触不同专业的知识点让学生眼界更开阔，为今后知识的综合运用奠定了良好的基础。在现实教育过程中，常常碰到理工科的学生对自己专业如机械类、工程类的产品有很好的构造理念，也有进行外观设计的想法，但是两者无法有效融入，设计的作业、产品等在外观造型、整体设计上显得比较呆板，即使有一些艺术设计想法也不知道在作品中如何表达。通过通识选修课的学习，不断扩充知识储备量，学会艺科融合、交融运用，在实践过程中增强知识综合运用的能力。

（三）通识选修课应注重文化精神的传承、加强大学生艺术素养的培育

通识选修课面向全校学生开设，跨学科、跨专业的学习更应注重通识课程的文化精神传承，其中艺术素养类的选修课程目的是培养他们的人文精神，提升人文素养。课程常常涉及专业学科中的艺术文化、生活中的艺术美感，如文化艺术、语言艺术、设计艺术、韵律艺术等，与日常息息相关，无形中既能提升审美情趣、产生共鸣，又能激发创新创造力。艺术是人类文化的积淀和智慧的结晶，通过艺术教育加强精神文化的传承，使学生接受艺术熏陶、实现自身美化、完善人格塑造，有效地提高非艺术专业大学生的艺术素养。

六、艺术类通识选修课程建设过程中的问题

某些高校相继开设了艺术类专业，对艺术类专业学生的艺术教育较为完善，其他专业学生的艺术教育还是浅层次的，学生未能全面深入地参与，艺术教育的全面普及、深入实践度不高。如何让艺术院系发挥作用，为全校学生开展艺术普及教育、提高艺科融合能力还要下功夫。本身艺术专业师资紧缺，学生对待选修课的重视程度不够，在开设的艺术选修课中多以课堂灌输方式为主，缺乏与实践融合的过程，因此在艺术类通识选修课程建设过程中仍存在一些问题。

（一）艺术培养类课程开设大多因教师设定

高校中通识选修课程的开设和建设日益受到重视，但其中的艺术类选修课仍然比较薄弱。通识选修课的开设，大多是愿意承担选修课的教师根据自己的专业特长和兴趣爱好进行申报、学校专家评审后进入课程库开设的，基本没有配套的教材，也较难向学生提供有效的教参辅导。由于学校有艺术专业背景的师资只占小部分，而且愿意承担选修

课的师资有限，再加上他们自行选择方向申报课程，因此艺术类选修课往往是因教师设课、拼凑成课程群，造成内在逻辑结构性不太合理，难以形成系统。

（二）艺术选修课教学方法单一

从目前艺术选修课的教学方式看，大多数教师采用的是纯理论教学，很少有实践性教学环节，某些高校通识选修课开设在晚上，实验（实践）场地受限，大班上课人数较多，总课时数较少，这些外在因素导致很难组织好实践教学，对教学内容很难与学生进行深入的探讨和互动，因此教师很少主动介入实践教学。事实上，艺术类的选修课，通过实践教学更能激发学生的学习兴趣、对艺术专业的热爱，更有利于学生消化吸收知识，使学生有更多直观感性的认识和实践的体会。

（三）学生注重选课学分忽视课程内容

在传统观念的影响下，大学生往往较重视专业课和必修课，投入较多的时间和精力，对于选修课尤其是与自己专业关联不大的艺术类选修课，某些学生只是抱着凑学分、容易学的心态听完课、考及格、完成学分任务，在选课前会了解能取得多少学分、打听老师上课要求的宽严程度等外在情况，至于课程内容如何、对自身有何提升似乎并不关心，学习热情不高。调查发现，选修课大多是在晚上，某些学生在上完一天课后还要忙于赶作业，往往是带着作业在选修课堂上做，老师的讲课内容几乎不听。

（四）成绩评定、考核方式单一

通识选修课基本采用考查方式进行考核，很少有闭卷考试。选修课的考核以对学生的终结考核为主，过程性考核较少，过程性考核多参考出勤情况，即使参考平时的作业、讨论等环节，所占比重也较小。终结性考核多是考查方式，以开卷考试、调研报告、小论文等方式进行，考核通过难度大大低于必修课。且考核不通过就拿不到学分，没有补考、重修等环节，削弱了学生对选修课的重视程度。

七、艺术类通识选修课程建设的对策

（一）课程设置增强系统性和多元化

建设好通识选修课，学校层面、教师层面、学生层面在思想上都应重视，认识到通识选修课和人文艺术素养的重要关系，加强艺术类课程群建设。如2016年常州工学院通过面向全校公开招标的方式建设一批高质量的通识选修课程，招标类课程分国学、文学、哲学、逻辑学、音乐、美术、自然科学、创新创业教育八大类通识选修核心课程，每一大类至少应建设并开出八门以上课程，每一大类有一位课程组负责人。负责人在进行课程组建设时会系统地考虑课程设置和课程结构，使课程科学合理，形成体系化和多元化。

（二）创新教学方法融入实践教学

艺术素养类的通识选修课相较于其他门类课程有着一定的独特性，必须依靠一定的实践教学才能更好地提升艺术教育成效。没有实践的艺术类通识选修课大多开设的是艺术鉴赏类课程，这对学生来说只停留在对艺术理论的模糊了解和艺术表象的认识上。那么在选修课时间是晚自习时间、课时数较少的情况下，教师更应积极创新教学模式，融入一些艺术实践教学环节，切实提高学生的艺术素养。如"衍纸艺术"课程，除了衍纸历史、艺术文化背景、作品赏析等理论的讲授外，更应让学生进行衍纸创意制作。这样的理论结合实践的课堂教学，学生体验到的艺术、感受到的艺术魅力更强烈，学习效果会增强。

（三）引导学生全面发展选择合适的选修课

近几年高校就业形势依然很严峻，国家、社会对高素质创新人才的要求越来越高。高校积极转变教育理念，加快从单一的专业人才培养到复合型人才培养的转变，改革人才培养模式，多方位、多渠道地增强大学生的创新能力和综合素质能力。同时积极引导，在学生选课时辅导员应尽可能地帮助指导，选择与人才培养目标一致、拓宽知识面、符合其自身兴趣爱好的选修课程，引导学生将艺术融入专业、融入生活，以更有效地促进学生全面发展，成为适应国家需要、符合社会需求的创新型高素质人才。

（四）考核方式多样化

在艺术类通识选修课程培养目标的指导下，针对艺术素养类课程的性质，鼓励教师结合课堂教学方法采用不同的考核评价方式。平时成绩除了出勤情况外还包括参考课堂互动、实践情况，并适当加大平时成绩的考核比重，注重过程的培养；总结考核除了传统的调研报告、小论文外，也可以采用一些简单的艺术创意、设计作品、团队合作等方式进行考核，充分调动学生的积极性和能动性，培养学生的创新思维和创造能力。

从社会发展需求看，积极探索人才培养方案与艺术教育的深度融合，对提高大学生综合素质具有强大的推动作用。高校应积极探索符合实际发展的通识选修课程体系，大力加强艺术素养类课程建设。通过艺术素养的培育，拓宽大学生视野，完善知识结构，强化学生的创新意识和实践能力，进一步激发学生的学习原动力，在艺术教育中融合专业、提升学生素质的全面发展。

第二节　高校学科基础类课程建设与教学改革

高校基础课程教学改革是全面提升高校教学质量的重要一环。审视当前的基础课程教学，发现高校基础课程存在如下问题：基础课程内容与专业课程脱轨、以教师为中心的教学理念、以课堂灌输的方式教学、以考试为单一指标的教学评价机制等。为此，本节通过对高校基础课程的理解认识和对高校教改目的分析研究，从基础课程的教学理念、教学内容、教学手段、教学评价方面着手研究，着力提升高校基础课程教学质量，提升高校学生的自主学习能力，以期更好地适应社会需要。

一、高校基础课程改革的现实依据

随着我国高教的普及，高教面临如何打牢基础的问题。我国从 1999 年扩大招生范围，高校学生人数不断增加，高等教育已经慢慢普及化、大众化。大众化教育不能自然地降低教学质量，而是应该适应社会的需求与发展。显然，原有的精英模式化教育，与大众化高教已经不相适应。为提升高校的基础课程教学质量，有必要对教学进行改革，这也是保证高校教学质量的关键之一，正所谓基础不牢，地动山摇。

二、专业基础课程设置现状及分析

从整体开课单位来看，各学院各专业处于各设各承担课程，各自为政。通过调研部分高校的人才培养方案设置，可以发现多数学校的公共课程由教务处统一宏观设置，各学院专业根据需要进行微观调整，指定专门学院承担开课。专业基础课程、专业课由专业所在学院承担开设，配备相应教师授课，自编大纲，自选教材等。在一定程度上影响了课程建设，又由于各学院间教师共享意识淡薄，课程资源共享受到很大的限制，造成课程资源、教师资源浪费。

从学院内部角度来看，学院内部学科专业基础课设置为课程资源整合共享提供便利条件，也就是说学院内课程资源共享是普遍存在的。但在转型发展环境下，专业基础课程是否真正紧跟着转型改革呢？深入调查发现，不少教师仍用过时的教材和传统的授课方法讲述传统的内容和陈旧的案例，忽视课程内容的前继和后续的衔接性，不同教师在给同专业学生讲课时课程内容重复。

从学院间角度来看，不同学院和不同专业之间设置相同的专业基础课程，但是隶属于各学院，这主要体现在相关性和交叉性较高的学院间。明显可以看出经济与管理两大学科专业基础课程相通，但这部分的课程资源因隶属于各学院，没有进行有效整合共享。进一步调查发现，一些专业群仅是把几个专业组合在一起，专业群的人才培养方案、课程体系未进行有效重构，对其内部资源未进行有效的整合共享，专业基础课程整合共享有效性不够。

三、对高校基础课程和教学改革的理解与认识

高校基础课程不仅包含理论教学方面，还包含着实验、实习等实践性教学环节；课堂教学和课外学习相结合。教学质量不仅仅是分数，也不是升学率，更不是就业率。教学质量重在学习，着眼于学生的生命质量发展，从而促进所有个体的发展。这就要求基于学校的基本定位，立足课堂，落实质量发展目标。

教学改革主要是以教学质量的提升和学科基础、专业课程结构优化为龙头，深化教育教学改革，不断提升教育教学品质。教学改革的主要方式有教学内容改革、教学方法手段改革、教师队伍建设改革、教学理念改革、教学评价改革以及教学环境和条件的改善等。教学改革是教育质量提升的关键，是高等教育各项改革的核心。基于现有国内外对高校基础课程质量及其教学改革的分析研究，可以看出基础课程的教学工作是高校最基本最重要的教学任务，通过基础教学可以传授基础知识、基本理论，培养学生学习能力，使其打好扎实的基本功。我国高校在基础课程教育方面存在许多问题，那么教学改革是提升高校基础课程教学质量的必经途径。为此，本节在重点调研考察我国高校基础课程教学的基本现状以及各高校的基础课程教学质量的基础上，明确了我国高校基础课程教育的不足之处，认为教学改革将是提升高校基础课程质量的有效途径。具体的教学改革内容包括：教学内容改革、教学方法手段改革、教学理念改革、教学评价改革。

四、基于提升高校基础课程教学质量的教学改革实践

过去的 20 世纪之所以被人们称作教育改革世纪，是因为社会政治体制、经济体制的改革，以及生产方式、生活方式的重大变化决定的。高等教育课程建设应强调以"教师为中心"的教学理念转变为以"学生为中心"的教学理念，从"研究教"到"研究学"，让学生成为发现者、探究者和创造者，既重视知识的学习，更注重能力的培养，更好地发挥学生的主体作用。

现在的课程评价过于强调学业成绩甄别、选拔的功能，这就导致了学生只是学会了书本知识，却没有获得学习能力，从而在个人能力方面得不到提高，甚至会影响思维方式。那么，进行素质教育，就需要改变这样的局面，可以通过建立终极性评价、诊断性评价、发展性评价和多元化评价相结合的教学评价机制，使学生获得全面发展，提高学生自主创新、主动探索的意识，从而适应社会发展的需要。

五、学科专业基础课程整合构建

将原来各自为政的学院开设的相同课程划归到统一开课单位，进行统一管理。只有

统一管理了，后续相应课程改革才能有序开展，课程内容方法，教学手段上才能根据专业实际情况进行有效整合，课程资源、教师资源、实验室等各项资源才可最大化共享。最后落到实处就是要有专门的管理机构和一支优秀的教学团队。

学科专业基础课程整合在很大程度上将原来各自为政的各门课程或教学环节中的教学内容进行整理与融合，使相关课程结构更精简，内容重复度少，整合成协调的创新型课程。如专业基础知识的筛选更要合理科学化，对于那些有多学科支撑的专业，将不同学科中的相近内容进行整合，或对分散在不同课程中的相似内容合并，构建"综合课程"，减少不同课程间的冗余和空缺问题。这样构建的课程之间关联度高，可避免课程碎片，保证人才培养在知识层面上的深度和广度，发挥其综合优势，强调知识整体性，培养应用型人才。

六、促进学科专业基础课程整合构建的有效措施

对学科专业基础课程整合要从校、院级管理层面出发，分级到系，具体到专业，转变思想调动教师的积极性，深入进行课程改革。

建立统一协调管理机构。因专业基础课程隶属于不同的院系与专业，要充分发挥不同院系、专业的资源互补优势，但是仅靠学院、专业自发地实现学科专业基础课程整合共享，优化课程体系结构，这是不够的。势必要求院校设立学科专业基础课程组织与协调机构，比如，校级成立学科基础课程指导委员会，院级设立学科基础教研室，委员会在主管校教学领导下将全校的学科专业基础课程划入专门学科基础教研室，对课程开课归属进行指导与协调。委员会定期召开会议，讨论并审议课程整合共享的策略与方案，实行宏观调控、微观协调，指导教研室成员根据人才培养方案对整合改革成果进行评估等工作。学科专业基础教研室要组织教师集体备课，开展教研活动，研究学科基础课程间的相关性。制订人才培养方案时，注意课程前继和后续课程衔接性，避免"断档"；研究课程间的内容相似相近性，制定课程大纲时，避免内容重复。

建立一支学科专业基础课程教学团队。学科专业基础教研室要配备相应的师资，团队成员一般是各专业专任或兼职教师。教师作为知识传授者、课程改革的实施者，对于学科基础课程的整合构建，就要先调动教师课程建设积极性，同时定期组织培训，转变教师思想观念，强调整合、协同教学，强化沟通合作与课程改革创新意识，打破专业领域，适应转型的发展。同时，学校人事部门应制定相应措施鼓励优秀教师跨学科、跨专业承担教学课程，让优秀教师加入到学科专业基础教学团队中，组织和协调不同学院专业教师实现互聘与合作。这样在课程整合共享同时，才能节约优质师资，形成新的配置格局，带动各学院优质教师资源共享。

打破高校内部专业、学科壁垒，使课程具有广泛性、多样性，同时寻找共同点。例如，

经济与管理学院打通经济学与管理学两大学科，要求经济类学生懂管理，管理类学生要懂经济，融合交叉开设相关学科专业基础课程，让学生在将来从事工作时，拥有广泛的基础知识、基本技能。当然在高校转型发展的情况下，以调动教师课程建设积极性打通经济与管理两大学科，也是很有必要的。另外加大力度投入专业群建设，专业群建设不仅仅打破了专业、学科壁垒，在很大程度将孤立的各专业人才及资源系统整合，使其相互联系、相互嵌入融通，促进课程优化整合重构。

总之，要整合构建学科专业基础课程，立足学校办学定位和当地产业人才培养需求，顺应学科发展规律，打破各学科专业壁垒，深入专业群建设，以当地优势特色为依托，以相关学科专业为支撑，整合相关传统学科基础资源，促进各学科专业交叉融合，把握相关、相近学科专业基础课程特点进行共性整合重构。并以此为创新点，打通学科专业基础课程，达到学科专业基础课程资源整合共享，从而推动转型发展，深化教学改革。

第三节　高校专业类课程体系改革和建设

各行业对人才素质需求状况、产业结构升级与各行业资源的配置，成为社会主义各行业运行规律呈现的特点，经济增长方式与区域特点紧密相连，实现科技与人才资源推动市场的高效运行。高校的专业建设在课程设置方面与市场对人才质量的要求存在着必然联系，围绕市场对专业人才的需求进行课程设置，达到课程设置与专业建设、人才质量相符，实现专业课程设置的推进与创新。

高校围绕社会需求加强大学生能力素质教育，加强教育教学管理也就成为必然。合理设置专业课程，专业课程设置是体现教育教学质量管理的主要方面。合理进行课程设置适应国际国内高等教育的运行规律，可以提高人才质量。当然专业课程设置要与高校的办学类型相适应，科学的专业课程设置是当代高校大学生提高综合素质的必然要求。随着现代大学教育教学改革的深入进行，以动态的观点看待专业课程设置，及时把握市场对人才素质要求、学生满意度以及产业结构升级等方面因素，遵循专业课程设置的原则，以市场运行要求科学合理设置各类专业课程，为教育教学质量提升提供优质课程设置，推进思想理论课、专业基础课以及实践课的设置与创新。

一、遵循市场需求设置专业课程

高校进行专业课程设置应遵循市场经济对人才素质需求状况，遵循教育教学客观规律。衡量教育教学质量的主要因素有：确立教育教学模式，推广教育理念，大学生的综合素质，利用教育教学资源，专业课程设置，课堂教与学过程与教学效果，优势专业的形成，运用教学科研成果，各类专业人才的市场效应。这些因素成为进行课程设置的着力点。同时，根据市场经济运行趋势，产业结构升级对人才素质提出新要求，这也为如何设置专业课程提供了外在因素。专业课程设置要适应市场对知识、技术的需求，进行课程设置的推进与创新，为人才素质的提升从理论课与实践课、必修课和选修课以及跨学科等方面把握课程内容设置与课时数，为市场经济提供行业技术需求人才。

（一）市场对人才的质量需求

社会主义市场经济随着时代在高效运行，人才素质要求也与经济发展相适应，要发挥市场机制的调节作用，以高质量人才推进市场经济发展。高校通过加强大学生的综合素质教育，要想提高大学生的思想素质、理论水平以及实践能力应通过对专业课程内容进行创新，加强产学研合作，推进专业课程设置符合市场需求。

1. 遵循市场经济运行规律

要提高对市场经济运行规律的认识，发挥市场的资源配置作用，实现经济增长与产业结构协调运行，这就对人才综合素质提出新要求。高校合理设置各类专业课程内容是提高人才质量的根本途径，结合市场需求可以给高校设置专业课程提供有益借鉴。

2. 产业结构升级

从市场经济发展历程可以看出，传统工业与科技产业、劳动密集型与高精尖行业协调发展，产业结构升级有利于提高经济增长质量和效益，各行各业对技术、知识、人才的要求也相应提高，提高劳动者素质也成为市场经济发展的必然要求。高校加强教育教学质量管理也是各行业的需要，使专业课程设置与产业结构升级相适应，专业课程内容与高校办学类型以及大学生素质相适应。

3. 国际国内对人才素质的要求

随着国内外经济合作深入进行，提高了市场经济运行质量和效益，市场经济发展对各类人才素质提出了更高要求，高校为市场提供高素质人才，形成各类专业人才的市场效应。

（二）行业技术水平

科学技术进步是衡量教育水平的主要因素，高校的教学科研应紧紧围绕行业对科技知识的需求，推进产、学、研合作进程，增强科研成果的应用效益。

1. 科技进步的必然要求

市场经济产业结构升级必然要增加技术含量，通过科技成果运用推动经济发展；科研成果取得应用与高校各类专业建设，不断对专业课程进行推进与创新，包括课程设置与课程内容体系等方面的创新。

2. 科技水平的衡量

市场产业结构大概有三种类型，即传统型、劳动密集型、高技术产业。产品技术含量应与市场消费者需求相适应，产业结构比例要能提高市场运行质量和效益，形成产业结构比例合理、传统产业与现代科技相结合的新型产业；科技进步必然对劳动者素质提出更高要求，高校在进行专业课程设置时应把课程内容与产业需要结合起来，从知识更新方面适应市场需求。

3. 科技资源的应用

市场经济的发展必然要求各行业投入技术、资金、人才。有效运用各类资源可以提升市场的经济效益，也是实现经济发展可持续的必要条件；高校设置理论课、实践课、选修课等方面应适应各行业对科技资源的需求，通过合理设置专业课程内容体现高校的专业特点。

（三）行业运行趋势

产业结构升级与各行业的技术、资金、人才等因素紧密相连，也成为提高市场运行质量和效益的客观条件，运用专业理论知识加强对市场经济状况的分析，推进行业向高、精、尖技术方面发展。

1. 科学技术运行状况。市场经济深入运行推动科学技术进步，科学技术为各行业产品提供技术支撑，增强高校教学科研成果的应用可有效提高市场对科技的需求，科技进步也给高校课程内容创新提供了新的方向。

2. 拓宽人才能力素质

高校加强对教学科研与市场经济运用的探索，坚持应用科技理论知识提高人才质量，从理论创新到市场运用效果，把经过科学论证的理论作为专业课程建设的基础，形成优质课程资源，提高人才的综合素质。

3. 国内外各行业经济合作

随着国际国内经济合作的推进，市场对各类人才质量需求显著提升，高校在专业课程设置方面可以增设有利于国际人才流动的专业理论课程，专业课程设置的及时更新也成为国际国内各行业的必然要求。

4. 提高市场经济运行质量

加强对市场经济规律的认识，善于发现市场经济运行规律的特点，实现经济增长的可持续；高校加强教学科研理论探讨，使专业课程建设适应行业需求，建立适合国内外产业需求的专业课程设置。

二、遵循教育教学模式设置专业课程

（一）探索教育教学规律

1. 专业课程设置的市场效应

进入新世纪以后，国内外经济合作频繁，要求各类人才掌握新知识、新技术，以及理论知识应用与创新的能力。做好与之相适应的专业课程内容设置，在借鉴传统专业课程设置有益经验的基础上，增加市场经济发展需要的专业课程，体现专业课程设置的市场效益。例如，加入世界贸易组织后，各种协议规则形成了各成员之间进行国际经济合作的基本原则，顺应了各成员推动市场经济可持续发展的需要，进一步认识国际经济合作的规则以及发展趋势，建立与之相适应的国内产业结构，这就给各类高校的教育教学提出了新的理论研究方向。应推进人才培养模式与高校的办学特点相符，人才质量要与市场经济的需求相符，专业课程内容与市场经济发展趋势相符。

2. 加强教育管理机制的创新

要遵循高等教育运行规律，实现教育发展历程与制度创新相适应，伴随市场经济产业结构的调整推进制度建设逐步完善，通过教育教学运行机制的创新，推进专业课程内容设置的运行。

3. 加强专业课程建设

市场经济发展对各类专业人才知识结构提出了新要求，把加强专业内容建设与市场应用、区域特点、人才质量等方面因素紧密结合，为高素质人才产生设置合理的专业课程，实现专业课程建设与市场对人才需求的深度融合。

（二）提高教学效果

专业课程在内容上的设置效果可以体现出教学管理水平，加强专业课程设置探讨也是提高教学效果的必然要求，比如衡量专业课程设置的效果，主要渠道是设置过程的科学性、整体性和实效性，即从市场适应度、内容更新度和学生满意度进行衡量，把专业课程设置作为提高教学效率的客观需要。

1. 课程设置的成效

专业课程设置效果主要体现在两个方面，一方面体现为专业课程的市场适应度以及市场应用效果，课程内容要与市场对人才的要求相符，这也是衡量课程设置效果的客观因素；另一方面体现为大学生的学习效果，根据各类学生的素质进行设置课程。大学生就业的市场效应，成为专业课程设置效果的客观因素。

2. 学分制的必然要求

高校推行学分制以后，提高了现代大学教育教学质量，学分制也是我国大学与国际各高校接轨的必然要求，这也成为国内外高校衡量大学生综合素质的主要方面，成为大学生提高素质的内在需要。在规定时间内取得专业课程所设的学分，提高了大学生的学习成效。应进一步探讨各专业所设课程学分的比例，通过结合高校办学类型设置课程内容，把握人才质量的市场效应作为提高设置专业课程质量的有效途径。

3. 教育教学资源的运用

教育教学资源是提高人才质量的必要条件，也是市场经济提高人才素质的必然要求。高校教育质量的提升应合理运用教育资源，形成传统教育资源与现代大学教育资源相结合的运行趋势，充分利用现代网络技术资源，为提高设置专业课程质量提供新思路。

（三）教育教学的运行趋势

市场经济的繁荣推动教育教学方法创新，现代大学教育体系的形成推进了社会进步。

1. 发挥专业课程设置优势

课程设置内容是提高学生素质的必要条件，高校的思想基础课、专业理论课、应用实践课成为大学生提高认识的主要课程。应利用课程设置的有益因素，建立有益于大学生认识水平提升和市场对人才质量需求的专业课程体系。

2. 推进专业课程设置的创新

高校的专业课程设置应体现与时俱进，适应当前形势与教育教学运行规律的需要，只有对专业课程设置进行合理分析，才能在思想基础课、专业理论与实践课、必修课与选修课以及跨学科方面取得设置平衡。

3. 取得专业课程设置效果

从学年制向学分制的转变就是市场经济的需要。国际国内各行业对人才能力素质的需求，使得各类大学拓宽人才就业方向，合理设置专业课程内容，达到课程设置与市场需求的平衡；根据市场对人才质量的需求，各行业的专业知识有所不同，实现专业课程设置与市场经济的产业结构相协调；高校进行专业课程设置应与教育教学规律紧密结合，实现专业课程内容适应各类型的产业，这也成为大学生就业优势的有利因素；加强专业课程建设以提高人才质量为目的，能给市场创造经济效益的课程设置才是合理的，加强课程内容的更新也就成为必然趋势，推进专业课程设置与市场需求相融合。

三、以人才培养模式进行专业课程设置

提高高校大学生行为方式、知识基础、能力素质成为人才产生的必要条件，这也成为市场经济对人才资源质量的衡量标准。各行业对人才素质都有相应要求，高校应坚持以学生为主体，以增强大学生能力素质为目标，通过市场效应衡量学生的学习效果，通过转变教育教学模式，拓宽教学方法，增强学生的能力素质，在课程设置方面达到课程

内容与学生素质相适应，通过人才教育模式的创新提升教育质量。

（一）精英人才课程设置

人才素质是指思想、专业、能力素质的结合，通过市场效应得以体现。这是对人才素质的客观认识，市场经济各行业对人才素质的衡量标准有所不同，各类人才都可以为市场创造价值。精英人才具有知识基础好、能力素质强、认知水平高的特点，高校设置的思想理论基础课、专业基础课、专业课、实践课、选修课和跨学科课程的数量比例应与精英人才素质相适应，课程内容选择应与市场经济发展相符。现代大学通过各专业领域的前沿知识推进课程内容创新，推进科学技术水平提高，通过理论实践相互作用，为高素质人才产生创造条件，运用教育资源提高人才的市场应用价值。

（二）应用人才课程设置

应用人才以理论运用为主要方面，市场各行业要求应用人才具有理论实践运用能力，增强理论运用的创新能力，通过实践提高认识问题、分析问题以及解决问题的能力。高校课程设置既要适应市场需求，又要与大学生素质相符，合理增加应用提高方面的课程，推进教学科研创新，为市场经济发展提供应用人才。

（三）技术人才课程设置

按市场经济对人才需求规律，各行业对人才素质都有相应的衡量标准，技术进步必然要进行课程内容的更新，以适应市场经济对技术人才的需求。高校在进行课程设置时，应按学生需求设置技术应用课程，合理设置专业理论实践课程的比例，提高理论和技术的创新能力。

四、通过课程设置推进专业建设

各类专业课程内容与市场经济适应度成为大学生增长知识的客观需要。根据市场需求确定合适的课程内容，为专业建设提供理论基础，提高专业的市场应用成效，形成专业理论与实践的应用特点。适应市场经济需求的专业课程对当代大学生综合素质的提升具有教育意义，是推进高校各类专业建设的有效途径。

（一）加强专业课程内容建设

进行市场产业结构与专业课程内容比较，探索课程内容与市场需求的适应度。比如，在市场特定阶段，行业需求思想理论人才，课程内容就适量增加思想理论课程；行业需求专业理论人才，课程内容就增加专业理论课程，课程内容要与行业技术状况相符；行业需求技术应用人才，课程内容就增加技术应用知识，为专业建设与市场需求的融合提供有益借鉴。

（二）加强专业理论创新适应大学生需求

深入推进市场经济运行质量对各类人才也提出新要求。课程内容与市场需求相适应，能提高学生的技术运用能力，也是提高人才质量的必然要求。以专业理论创新推进专业建设，把市场经济增加的新理论新技术运用到专业建设中，让专业课程内容体现时代特点。

（三）形成专业特点提高人才综合素质

市场需求度、学生满意度、成效度是衡量精品专业的主要因素。专业建设是在办学理念、教学科研、市场效益衡量基础上进行的。能提高人才质量、增加市场效益以及满足国内外对人才素质需求的专业可以形成市场效应。专业建设要按市场需求进行推进与创新。

五、以人才就业方向设置专业课程

高校人才质量要经历市场应用才能得以体现。加入世贸组织以后，各类知识传播与应用加速，国内高等教育从加强制度建设、人才质量以及社会效益方面与国际高等教育相适应，在遵循国际高等教育规则的基础上形成具有各自特点的办学模式。各类高校按人才就业方向加强专业建设，专业人才质量得到显著提升。以人才就业方向设置相应专业理论课程可有效增强大学生素质，造就精英人才和大众人才推进市场经济的运行。

（一）精英人才就业方向

市场经济深入运行，必然要对人才、资金、技术提出新要求。市场高精尖行业要求人才具有深厚的理论基础、运用知识的能力和高度的思想认识。市场经济的有序运行要靠高质量人才资源把握。精英人才的就业方向决定了专业课程内容，加强专业理论课程的设置比例，增加有利于国际国内经济增长的理论知识。大学生就业也取决于对就业方向的认识。高校利用教育教学资源，推进教学科研创新，为精英人才的培养创造条件，推进市场经济高质量高效率运行。

（二）应用人才就业方向

科技进步与产业升级使得各行业对人才需求呈现新形势，对大学生的能力素质、专业运用也提出新要求，这必然成为大学生提高综合素质的客观因素。大学生应明确就业目标，增强能力素质，做好职业规划，拓宽市场对人才需求的认识。高校提高教育教学质量，推进教学科研创新，加强教育教学方法探讨，利用各类教育教学资源，把教学科研理论成果应用于科技领域，增强专业课程设置与市场对人才素质需求的适应度，推进产、学、研在课程建设方面的深度融合，提高应用人才的创新能力。

（三）技能人才就业方向

加强思想理论基础教育成为大学生提高综合素质的必然要求。在思想教育基础上增强大学生理论技术运用能力，对市场各行业岗位需求有明确认识，加强团队合作，推进技术应用，增强创新意识，明确各行业就业需求，提高对专业理论知识的运用。高校加强教育教学质量管理，提升人才质量，推进理论技术知识创新，加强理论知识与实际应用课程内容探讨，增强对理论知识运用能力，通过实践把技术理论运用与各类行业，为科学理论赋予新的内涵，推动理论运用与创新能力的提高。

第四节　高校活动类课程教学改革与建设

在当前以学生实践、创新能力培养为主要目标的高校教育教学改革过程中，综合实践活动课程以其独特的学科特色在其中扮演了不可或缺的重要角色。作为一门以经验性、应用性、发展性、综合性、自主性为教育价值取向的课程，其可以充分调动学生的学习积极性与主动性，建构起身处"象牙塔"的大学生走向社会、走向生活的开放性平台。因此，研究综合实践活动课程的操作模式，对于培养品质过硬、理论扎实、能力突出，符合社会需要的当代大学生具有极为重要的现实意义。

一、高校综合实践活动课程教学模式的构建

高等院校必须为社会发展与国家进步培养高素质人才，在办学法则上必须有效地体现特定时空条件下的公共意志。教师在授课过程中如果依然刻板地采用传统的空谈理论、学生硬性记忆、评价脱离实践的课堂教学模式，无疑在某种程度上背离了综合实践活动课的教育宗旨，甚至可能使学生再次误入"学科课程"教学的模式之中。综合实践活动课主要是培养大学生在特定的时空情境中解决问题的能力，因此，综合实践活动课的教学，既要注重教师的科学引导，又要凸显学生的主体探究；既要注重微型情境的处理，又要凸显经验规律的习得；既要注重科学思维培养，又要凸显价值情感的熏陶，从而在教学实践模式的创新中，实现教育人际场域的变革，彻底转变传统教学模式中学生与教师之间单向授受的"知识供给关系"，构建沟通与理解、平等与尊重、关心与鼓励、信任与赞赏的主体间性的"共同成长关系"，使高校综合实践活动的教学过程真正符合经验性、应用性、发展性、综合性、自主性的基本要求，帮助学生达成对于综合实践课程基础知识的有效把握，具备运用相关理论指导自身专业实践的能力，全面提升学生适应未来社会发展的综合素质。

二、高校综合实践活动课程教学模式的结构

高校综合实践活动课程教学模式，主要是以学生的认知特点与课程性质为依据，坚持以"实践与生成"为主线，以学生自主思考为主干，通过基础理论习得、理论实践结合、实践经验升华这样的过程，触及学生的最近发展区，促进学生综合素质的提升。"综合实践活动课程教学是过程的集合体"的特性，决定了教学模式的结构具有较为突出的过程性。基础理论习得主要是教师依据课程标准的要求，为学生提供学习的相应资源与基本环境，引领学生实现某一学科与其他学科的整合，校内学习环境与校外学习环境的整合，并且借助自主探究与师生合作，实现知识目标的达成与学习效果的评价。理论实践结合则是教师引领学生，根据专业发展取向的差异，在现实的教学环境中，观摩理论知识技术化的过程，然后亲身参与相关的操作，最终给出相应的评价。而实践经验升华是指学生根据理论上与实践上收获的成果，总结经验教训，形成基于问题解决的相关经验，然后再以此为指导带入到特定课题展开反思与实验，达到校正与创新的目的。

基础理论习得、理论实践结合、实践经验升华这三个环节虽然从宏观的角度看，彼此间存在着各自的相对独立性，具有起承转合的逻辑发展关系，但各个环节的存在又以其他环节的存在为保障，各个环节的发生又直接对其他环节产生不同的影响，基础理论习得与理论实践结合为实践经验升华奠定思维支撑，理论实践结合与实践经验升华巩固基础理论习得成果，实践经验升华与基础理论习得为理论实践结合提供多面向指导。总之，各个具体环节间既相互独立又相互统一，共同为高校综合实践活动课程教学模式的有效运行发挥着不同的比较价值。

三、高校综合实践活动课程教学模式的实施

（一）设定课程专题、加强学法点拨，扎实推进基础理论习得

基础理论习得是理论实践结合、实践经验升华两个环节的前提。基础理论习得的完成过程，要充分尊重学生在综合实践活动课的主体地位，调动学生在学习中的主动参与意识。为了有效解决课程资源开发、课程主题厘定等问题，根据布鲁纳的一般系统原理与知识结构原理，设计了综合实践活动课程的基本概念、综合实践活动领域的有效开发、综合实践活动主题的科学设计、综合实践活动课程的全面实施与综合实践活动课程的多元评价这五个专题内容，并进行了相应的课时配置。

当专题设定结束后，教师可以将需要解决的主要目标以问题前置的形式提交给学生，使其成为学生有效解读专题的切入点。要求学生在课外时间借助图书馆、网络等多种学习资源，通过自主探究与合作学习的形式解决相应的问题，形成相应的学习结果。然后教师根据课前设置的问题，设计相应的问题情境，引导学生根据课前的学习成果，在多

向信息交流的基础上，完成问题的解答。教师在此过程中，既可以进行思考方法的点拨，也可以针对难点重点予以讲解，以进一步将师生、生生之间的思考与讨论引向深处。当师生、生生之间逐步达成理论上的共识时，教师可以根据专题的不同引入不同的案例，要求学生结合案例对基础知识进行二次学习与分析。当所有的专题学习结束后，一方面对学生的自学记录情况进行考评，一方面根据专题内容设置相应的百分制试题对学生进行考查，然后教师根据自身授课情况进行差异化评价，将此部分的成绩以25%的权重记入学生的综合实践活动课程。

在传统的以"教"为中心的单向的灌输式教学模式下，大学的教学方法极为单一。它以课堂讲授为主要形式，以教材内容的"灌输"为中心，采用讨论和作业等辅助的方法，向学生传授知识；学生则通过记忆、理解来学习现成的知识，并运用已有的方法解题。这种以"教师讲、学生记"为主的教学方法，把学习变成了一种枯燥乏味的过程，严重地抑制了学生学习的主动性、积极性和创造性。参与式教学则融合了问题式教学、探究式教学、情景式教学、交互式教学等多种教学方式之所长，以师生合作参与教学活动为基础，采用讲授、自主学习、问题讨论和辩论、范例分析、头脑风暴、角色扮演、小组活动、信息共享和网络教学、创作、实习和实验等多种方法开展课程教学，由此营造出一种民主、开放、积极探究和解决问题的合作学习氛围，提高了课程教学的效果。

（二）观摩现实情境、深化个体感悟，科学推进理论实践结合

理论实践结合主要是教师以实践基地为依托，根据学生的专业特点，要求学生参与到现实实践过程中，现场观摩专业人员的工作流程。师范专业的学生可以到中小学进行听评课活动，从而达到巩固理论知识，并为以后实践经验升华奠定坚实基础的目的。在具体的操作中，当教师引导学生进入特定的工作情境中，可以在与被观摩单位充分沟通的基础上，依据学生的能力特点，给学生分配相应的工作任务，要求学生在被观摩单位工作人员的指导下努力去完成。不论最终完成的情况到底如何，学生都应该根据自身的个体实践，从实践基本情况、实践中的收获、实践中的不足与改进对策等情况，对自身的理论结合实践情况进行总结。教师根据一定的标准对学生个体总结进行评价，将此部分的成绩以15%的权重记入学生的综合实践活动课程。

当代，经济全球化对世界各国经济、社会和文化的影响日益剧烈，新技术以令人难以置信的速度迅速进步，数据、信息和知识爆炸性增长，各种新理论和新观念层出不穷，这一切使人们进入到了一个可以直接感受到的急剧变动的环境中。这种急剧变化的环境，增加了事物未来发展的不确定性和知识的相对性，对人们的学习提出了创新性的要求。在这样的时代语境中，高等教育要促进学生适应当今社会变化而"学会生存"，就需要培育学生学习和实践的主体性，使之能够用一种批判性的思维方式审视社会变化发展中出现的各种新问题，并通过提出和解决这些问题，不断地建构、更新自身的知识结

构和能力结构，提出新观念、做出新创造，从而成为新的时代的"弄潮儿"。在高校课程教学改革中实施参与式教学，其重要的目的之一，就是着眼于学生未来的生存和发展需要，通过激励学生积极参与教学实践和合作学习，培养出具有建构新知识的能力和实践创新能力的创新型人才。这也是高校课程参与式教学改革所具有的重要时代意义。

（三）实施课题研究、提升整体能力，全面促进实践经验升华

在完成前两个环节的基础上，要求学生实施课题研究，也就是希望通过"理论—实践—理论"的专业成长模式，达到帮助学生在理论学习的基础之上了解专业实践，在专业实践基础之上加深理论认知的目的。在具体的操作中，实践经验升华主要从以下环节展开，教师应根据学生的专业特点与学段特点，设定诸多供学生自主选择的微型研究课题。然后将具有相同研究兴趣的学生，组成相应的课题小组。小组成立后，拟订相应的课题研究行动规划，就课题的研究目的与意义、成员的分工、研究的理论基础、技术路线、进度安排等方面进行具体设置，然后提交给教师，听取教师的指导意见进行针对性的修改后，形成最后的课题研究方案。

然后，小组成员根据研究方案，结合自身的任务分配进行相应的研究。每个成员在任务完成过程中必须记录自己的活动经历、反思的内容及活动中的自我评价，这就是个人研究成果。活动结束后将这种个人研究成果呈交教师，以便教师对个人活动成绩进行评价。在此过程中，教师应经常性地关注学生的研究过程，监督学生的研究进程，对研究中出现的困难进行有效点拨。当小组对于某些课题研究结束后，教师可以组织课题展示活动，要求各组派代表向全班运用 Powerpoint 进行展示，也可以提交相应的作品。在小组展示后，师生可以就感兴趣的问题向小组成员进行提问，同时，教师可以将具有争议性的问题作为课堂讨论的激发点，引导学生就不同的观点展开讨论与辩论，帮助学生加深对问题的认知与了解。

最后，各个小组上交成员个人成果报告、小组研究课题报告、成员合作进程报告（出勤率、贡献度等方面），教师依据分配方案和评分标准对各个小组的研究情况进行总体分析，给出此部分的成绩（个人成果与小组成果以 1∶2 的比例分配），并以 60% 的权重记入学生的综合实践活动课程。

高校综合实践活动课程是提升学生理论联系实际能力的重要途径，也是培养学生科学思维的有效手段，因此教师必须从学生的认知特点、专业特点、学段特点出发，积极探索符合学生学情的实践活动课程教学模式，并且依据教学模式推进的不同阶段，在充分调动学生主体参与和合作探究的基础上，科学制订总体授课计划，提供适时、有效的点拨与评价，从而彰显实践活动课程的教育价值，突出实践活动课程的学科特色，为促进学生知识经验迁移能力的提高、专业实践能力的发展、良好个人情操的养成提供有力支撑。

第五节 "金课"建设背景下高校课程教学的改革

推动"金课"建设，是全面提高人才培养质量的精准发力点和突破口，起着牵一发而动全身的效果，是促进高校专业建设与学科发展的立足点。地方高校是我国高等教育的主力，应倾力打造"金课"，凝练优势、办出特色，提高人才培养质量。

一、推进地方高校"金课"建设的必要性

聚焦"金课"建设，拓展课程深度，增加课程难度，提升大学生的学业挑战度是提高人才培养质量的内在要求。地方高校以服务国家发展战略和区域经济社会发展为目标，着力为地方培养高素质人才。自高校扩招以来，地方高校快速发展，数量多，招生规模大，已成为我国本科高等教育的主体。地方高校发展的关键在于提高人才培养质量。

二、地方高校"金课"建设存在的主要问题

（一）传统教育教学理念落后于时代要求

传统教育以学校为主体、教师为中心，学生被动学习，教学方法单一，忽视个体差异，不重视对学生学习兴趣和学习能力的培养。注重理论知识和基本技能的传授，缺乏对学生高级学习目标的引导，与不断发展的经济社会所要求的知识、能力、素质严重脱节。课程内容陈旧，课程内容与经济社会实际、行业发展之间不能相互关联，这也是导致毕业生难以适应用人单位需求和工作岗位要求的重要因素。

（二）相关政策制度导向不合理

当前部分地方高校人才培养的中心地位和本科教学的基础地位还不够巩固，相关政策制度和教学评价标准导向不合理。首先，重科研轻教学的考核评价制度导致高校教师不愿意在教学上花费足够的时间和精力，教师职称、工资、奖金和课酬一般不与教学质量挂钩，课堂管理好坏与教师的晋升没有关系。其次，学校与行业、企业在专业人才培养中的交流不充分不深入，没有能够建立长效的专业人才培养联动机制，专业人才培养目标未能反映社会发展要求，课程建设不能达到毕业资格标准，毕业资格要求不能够达到学以致用的需要。

（三）教学管理制度有待进一步规范

首先，缺乏科学的课程准入和退出制度。课程设置不成体系，课程内容脱离经济社会发展需求，存在因人设课现象。其次，教学评价是衡量教与学效果的过程，主要是对

学生学业成绩的评价和教师教学工作过程的评价，部分地方高校的学生成绩评价制度不科学，忽视学习过程和高级教育目标的考核，难以激发学生的学习动力。

（四）教学资源与条件不充分

部分高校教学资源有限，学生参加实验操作、虚拟仿真实训和社会实践活动的机会较少，没有能够为学生提供持续、深入学习的机会和条件。地方高校优质教育资源不充分、不平衡等问题尤为突出，制约了大学生学习的深度和广度，影响课程建设。

三、"金课"建设背景下高校课程教学的改革路径

"金课"建设要将课程育人贯穿于专业课程的教学全过程之中，根据专业培养目标和毕业要求，重构教学内容体系，设计以学生为中心的教学活动，不同教学内容模块采用不同的教学方法，改革课程评价考核方式，使学生的学习习惯由被动学习变为主动参与，提高学生的毕业目标达成度。按照"两性一度"的建设标准，"金课"建设的具体路径包括重构课程体系，创新教学模式，改革考核方式，开展全过程评价。

（一）根据培养目标和毕业要求重构课程体系

以国际贸易实务课程为例。首先要构建国际贸易实务课程教学目标，把自学知识、能力训练、素质养成进行有机融合，通过设计教学环节来训练学生处理国际贸易问题的综合能力，能够解决进出口业务中较为复杂的问题，改革教学方式方法，通过开展案例研讨、头脑风暴、小组任务、进出口贸易磋商情景模拟、综合作业等互动形式，以学生为课堂主体，通过教学互动来激发学生学习兴趣，培养学生主动学习、主动发言、主动研究探索学习问题。根据培养目标和毕业要求，结合国际贸易发展新规则、国际物流发展新趋势、移动支付方式、跨境电商等新贸易方式，对国际贸易实务的课程体系进行重组再造。

（二）创新教学模式

推进"以学生为主体"的教学内容创新和教学活动创新，创新教学模式，根据不同的教学内容模块设计不同的教学模式。在授课过程中采用雨课堂、学习通、蓝墨云班课等移动教学平台，完成在线视频学习、在线签到、答疑、讨论、在线测试、在线投票等教学活动，开展丰富多样的教学活动，提高学生的学习主动性和参与度，提高学习目标达成度。

教学中采用移动教学平台搭建课内外融合渠道，拓展课堂教学空间。利用蓝墨云平台，建立教师与学生广泛的课外沟通交流渠道，引导学生按照课堂学习目标完成课外学习任务。引导和支持学生开展团队协作学习，建立课内与课外、线下与线上、个人与团队相结合的新型学习模式。使移动教学平台广泛采用互动式教学，设计头脑风暴、小组

任务、案例研讨、测试、问卷等教学活动培养学生的发散性思维和想象力，广泛开展探究式、研讨式、参与式教学方式，分别采取生讲生评、单证模拟、案例研讨、情景模拟、PPT 演讲、综合性作业、POCIB（Practice for Operational Competence in International Business，国际贸易从业技能综合实训）大赛、在线签到、在线答疑、在线测试、在线投票等线上＋线下教学活动。

（三）改革考核方式，开展全过程评价

充分利用教学信息化手段创新考试方式，调整课程考核方法，探索以多种形式、多个阶段、多种类别、多种成绩构成来评定成绩的考核制度改革。强化过程和多元考核评价的质量要求，开展形式多样、频次合理的过程考核。重新设计课程考核内容和方式，以学生的能力水平为核心，建立全课程过程性评价体系，加大过程性考核比重，平时成绩由总评成绩的 40% 提高至总评成绩的 60%，关注学生的学习过程，增加在线考试、PPT 演讲、综合性作业等过程考核成绩在课程总成绩中的比重。

第六章　现代信息技术与课程整合概述

第一节　现代信息技术与课程整合中的问题

信息技术与课程整合就是运用信息技术手段的优势，整合优秀教师和专家的智慧，传承优秀的教学模式，改善教与学的过程和方式，培养学生的创新精神，提高学生的能力，追求教学效果的最优化。当前，在信息技术与课程整合的过程中，还存在着许多问题值得进一步研究和探讨。

一、多媒体课件开发与应用上存在的问题

流于形式不注重教学效果。课件过多追求"多媒体"，削弱了课堂教学效果。多媒体课件确实能够把声音、图像、文字有机地组合在一起，形成一体化的教材，但是作为辅助学科教学的软件，如果过多地追求"多媒体"，会适得其反，干扰学生的思考，削弱课堂教学效果。

把教学课件搞成多媒体功能的成果展览，却不知课件辅助教学"辅"在何处。一些课件所用色彩比较亮丽、鲜艳，这往往会分散学生的注意力，干扰学生的观察，不利于看清问题的本质。多媒体课件的开发不仅是艺术，更重要的是科学，这是每一个课件开发者都需要注意的。

课件单调的表达方式与多变的教学情境之间不协调。当前的教学，只重视多媒体课件的运用，忽视传统媒体的运用，基本上属于"固定型"的，从上课"欢迎使用"到下课"同学们再见"全程播放，学生45分钟面对着屏幕，教师成了放映员，用"人机对话"代替"人际对话"，把学生的思维束缚在一个预设的圈子里，使多媒体辅助教学成了"应试教育"的帮凶。

二、计算机在教学运用中存在的问题

为了时髦所有的课都在网络环境下上，不考虑教与学的内容形式是否需要网络，只是为使用网络而使用网络，忽视教学目标和效果。

过分依赖网络资源，忽视其他传统教学资源。从来就没有唯一的教学媒体，网络亦然，有很多方法可以提供学习资源，如教科书、图书馆等。

有些教师在网络环境下进行教学时，只是把通过搜索引擎找到的相关网页资源提供给学生，把大量素材性资源罗列在一起。这样，学生在互联网上学习获得的都是无层次、无系统、针对性差的素材性资源。同时，一些信息垃圾也会给学生带来负面影响。

三、教学方法和教学思想上存在的问题

教学媒体是教师讲解演示的工具，教师授课只是照"屏幕"选课，出现"学生瞪着眼睛看，教师围着电脑转"的现象；大部分学生连笔记都来不及记，成了观光者，对所学内容印象不深，更不用说自己动脑去探索研究了。

过多地使用多媒体辅助教学，把一切抽象问题都形象化，不利于抽象思维能力的培养，学生抽象能力就可能下降。如：数学学科是一门特别需要抽象思维能力的学科，而抽象思维能力的削弱不利于数学的再学习。

目前多媒体辅助教学还局限于课堂上的使用，而忽视了课外对学生的辅导。

目前使用于多媒体辅助教学的课件大多还只是在改变教师的"教"上下功夫，很少用课件来帮助学生学习，即以"教"为主的教学设计多，而以"学"为主的教学设计少。因此，课堂上得出的结论，有时不能和课件设计的结论完全吻合，甚至会有全新的见解。然而，有的教师为了把讨论引导到自己设计的答案上来，往往会过多地限制学生的思维。这是与教学理念背道而驰的。从这里可以看出，不能只是教学设备现代化了，而教学思想却还是陈旧的。"教育要面向现代化"首先应该是教育思想的现代化。

当然，这仅仅是笔者在教学中的一点切身体会。计算机要有机地运用到教学中，真正实现信息技术与学科教学的整合，还需要一个漫长的实验、探索过程，需要我们不懈努力。

第二节　现代信息技术与课程的整合

一、问题的提出

当今中国社会以及整个世界，早已进入到信息技术飞速发展的新时代。在我国国内，从世纪初期开始，经济、科技、教育的发展推进一直处于协同并进的状态。发展到现在，社会各行业领域早已离不开科学技术、计算机信息技术的帮助。无论是在工业生产、服务建设，或是人们生活与学习工作等，彼此间早已融为一体。严格意义上来讲，现代信

息技术的迅速发展，其本身就是为社会、为人们服务的。但是，如何将这种发展服务的效率程度充分施展出来，一直都是一项重大议题，并且也是教育领域的永恒话题。就目前来看，在互联网信息技术时代，社会对具备计算机技术的人才需求量大增，并且对于各行业岗位从业人员的能力、文化素养、现代技能等要求也越来越高。

如上，关于高校在整个国家教育体系中的地位和作用，无须再多加赘述。总的来看，高校就是为学生提供学习专业技能，为社会培养专业化、高素质的人才。但是，如何真正使得培养出来的各专业人才符合社会发展需求，这才是高校所需要持续关注的教学内容。故此，计算机教学早已成为基础课程之一，加快并提升计算机教学在各专业信息技术教学管理中的应用，更加有助于构建科学的教学环境和服务模式。

二、现代信息技术融入教学中的特征及优势

（一）信息技术与课程整合的基本特征

以院校近几年的教学管理与改革实际来看，基本可概括为三大方面。

首先，信息技术与专业基础课程整合优化下，更多呈现为任务驱动的教学过程。简言之，信息技术与课程整合下，需要一定的组织形式来达成契合，即多采用各种各样的主题任务来增强驱动教学的效率。所以，就需要适时改进教学内容与课程学科搭配。有意识地开展信息技术与其他学科的横向教学管理。对于主题任务的设置，可以是具体的学科任务，也可以是真实性的问题情境。总之，改进的目标非常明确，即使学生置身于提出问题、思考问题、解决问题的动态过程中。如此一来，专业学生在完成任务的同时，也直接完成了本课程学习目标要求。

其次，信息技术与专业基础课程整合优化下，教学管理的主体角色得以转变。具体来看，在新环境下，信息技术直接作为特殊的教师存在，也可以看作是学生的认知工具。在实际教学管理表现上，格外强调对信息技术的操作和学科服务属性，这本身就是各学科的内在发展需求。简言之，现代信息技术引入课程的整合中，服务于具体的任务。如此一来，无论是教师和学生，都可以直接以一种自然的方式来对待信息技术，充分发挥施展出现代信息技术的教育辅助性、资源拓展性。

最后，在信息技术与专业基础课程整合优化下，专业学生对于知识学习更加注重目标性和追求度。简言之，在日常的教学管理与学习行为表现中，侧重于知识技能学习与思维创新能力的结合。通过彼此间的融合，可以让学生在学习过程中，重心不再局限于学会知识层面上，而是全面掌握如何学习、如何创新与拓展自身的知识体系。通俗点来理解，即近几年业内新提出的"信息素养"理念。

（二）信息技术与课程整合的应用优势

关于信息技术与课程整合应用的优势，通过上述一番探讨归纳也可以从中得出认识。如上所述，总的来看，也可以简要归纳为两点。

其一，现代信息技术融入专业课程的教学管理中来，有利于激发出学生的学习积极性。如今的大学生其整体文化素养相对薄弱，通俗点来理解，即绝大部分学生的学习能力偏弱，所以一定程度上对教学的有效推进开展产生困扰。不过，在学习的过程中，学生们的好奇心也很重要。正因如此，在以往的教学管理中，教师多以此作为新的切入点，最大限度改进课程与课堂教学形式，来编排、设计出更加符合学生学习的知识结构。以计算机教学为例，教师可充分利用这一点，在授课过程中应适当穿插一些有意义的图片、视频等。此外，以任务驱动的形式，可供学生们制作 PPT、EXCEL 等作业。总之，尽量多创设条件，让学生对计算机技术产生兴趣，而非短暂性沉迷。如此一来，课堂氛围也得以调动，学生们主动提问，表达疑惑，相互交流。

其二，突出教学重难点，增强学生学习主体性。简言之，即课程教学的目标性和定位，这是转变学生主体地位的前提。继续以计算机教学为例，计算机技术是一门操作性非常强的课程。严格意义上来讲，对于早期已经频繁接触计算机的部分学生，或许学习新知识、技能等方面效率较高一些，但对于绝大部分的学生而言，对于计算机技术并不了解。即便有很多学生喜欢玩电脑游戏，但对于一些实用性的办公操作等却一问三不知。

如上，在传统的教学管理中，我们的教师大多以板书的形式来授课，多讲授一些理论知识。即便通过多媒体教室，也基本都是以展示课件、文档的形式来授课。对于实际的操作方面，指导性不足。所以，学生结合课本以及老师的讲解，对相应的知识死记硬背。对于操作训练过程中遇到的困惑和难点，也很少直接开展师生互动。学习的过程中能勉强完成一些作业、任务，但现实的操作中，依旧什么都不会。不过，近些年来随着学校计算机等配套教学设施、设备的投入加大，机房和设备数量也基本能够满足学生们的学习，基本都是人手一台。适当减少理论课的时间，增强实践操作教学与指导的针对性、有效性，教师亲身示范图文并茂将疑难点的操作展现给学生，对于课堂的普遍疑惑及时解决。

三、现代信息技术在高校课程教学中的优化路径

（一）思路先行

通俗点来理解，即对于新课程的设计与教学流程的优化，应当最大限度遵循理论与实践相结合的原则。然而现实中，大多还是停留在口号层面，很少去真正执行和落实。

具体来看，现代信息技术在教育领域的应用，目前早已全面普及。不仅局限于职业

教育领域，包括普通中小学、本科院校、社会培训机构、成人教育等各个环节。相对而言，高校的学生群体具有一定的特殊性，这本身就是一项不可避免的现实性问题。故此，优化教学定位、明确教学目标，才能真正确立知识本位的教学管理思路，最终更好地服务于学生学习和人才培养。所以，建议对现代信息化教育技术以前瞻、预见的调查来展开。以本校的电气专业相关课程为例，在计算机教学中，首要的就是对基本状况调查分析，包括现有资源、课程内容、市场状况、学生特点等，优化各节点的配置，才能针对现有的突出问题和矛盾进行系统分析。

（二）教学统一

教学统一，即教与学的统一。关于这一点，也是界内的一个永恒话题。教师的教与学生的学，如何有效融合，关乎教学效率的高低。现代信息技术的引入及其应用下的教育价值是直观可见的，但将这种价值真正施展出来，实际上并不容易。简言之，依然是对传统教学方式困境的探究。传统课堂教学中，教师的"滔滔讲"与学生的"静静听"形成鲜明对比。对于学生们而言，基本都是处在单一、被动的学习环境中。所以，即便近些年来现代信息技术、互联网络全面普及，依然需要注重教与学的契合。

如上，信息技术与课程整合，知识本位、资源拓展是首要方面。以此为基准点，持续优化信息技术环境，实现学生合理利用现代信息技术的能力，包括自主、探究、合作、创新等。其次，强调课程教学的立体性和信息高效传输性。在实际教学管理中，应当最大限度优化课程培养模式，比如前文中提到的社会培训、成人教育等，包括远程教育、网络大学、虚拟教学、数字化校园等。再加上当前各类网络社交与互动网站、软件工具的大众普及，比如QQ群、微信、微博、教育网等，均可充分利用。加快课程教学内容的数字化和多媒体化，以此来拓展教育的时空性。如此一来，专业学生可以随时随地根据自身学习任务和不足来获取所需资源。更重要的是，直接提升了专业学生的现代信息技术应用和自主学习能力。

现代信息技术环境下，无论是教育与学习观念方面还是所处的教育环境方面，与以往相比均发生了较大的变化。严格意义上来讲，无论是教师和学生，也逐渐接受和适应新环境。但是，在实际教学中依然可以发现一些问题，由于长期受到应试教育、填鸭教育的根深蒂固影响，所以对于"教"与"学"的关系界定以及资源整合等，并不够顺畅。通俗点来理解，就是教师如何教、学生如何学的矛盾关系。对此，本节简要提出了一些看法，结合现代信息技术应用下的高校计算机教学特点和现状，提出了一些改进建议。比如，由"学会"转变成"会学"，实现学生的自主、探究、问题导向、协作创新的综合性学习。

第三节 现代信息技术与精品课程深层次整合

为了促进高校教学的质量，我国的教育部门计划利用五年左右的时间，帮助全国数千所高等教育机构，建设 1500 门国家级的精品课程，并且出台了《关于启动高等学校教学质量与教学改革工程精品课程建设工作的通知》。大量利用现代化的教育技术作为手段，将这些精品课程的相关内容免费发到网络上面，任凭人们自由学习和借鉴，让教育资源能够最大限度共享。

一、现代化信息技术与精品课程整合的概述

现行的教学模式、教学结构以及教学手段，其能够利用信息化的技术，完成信息的获取、传递、加工、生成以及运用，是一套系统而且科学的教育结构和全新的教育模式。可以这么说，现代化信息技术是一门综合性很高的高科技技术，它可以利用计算机、电子通信、自动化以及光电等技术作为教育的基础，可以有效地对图像文字、声音及数字信息进行存储、计算、转换以及加工。

而现代化信息技术与精品课程整合则是指将各种各样的高科技信息技术，充分融入我国高等教育机构的各个学科之中，给学生们营造一种新型的信息化教学环境。现代化信息技术与精品课程整合，则是这种新型学习环境和新型学习氛围的创造者，它能够激发学生学习的积极性、创造性以及主动性。

二、现代化信息技术与精品课程整合的发展现状

虽然教育部门已经根据现代化信息技术与精品课程之间的关系，提出了相应的教育指导方针，但是在实际工作进展中，现代化信息技术与精品课程整合的发展现状却不容乐观，其存在以下两个比较普遍的问题：

（一）整体认识不充足，出现上热下冷现象

由于我国的基层教育工作者对于现代化信息技术与精品课程整合的整体认识不够充足，教学资源相对而言比较落后，现代化信息技术教学过程当中需要的各项教学硬件设施的缺乏或者是质量参差不齐，就会直接导致现代化信息技术与精品课程整合的发展现状变成如今这种"上热下冷"的尴尬局面。

（二）整合深度不理想，致使出现"外热内冷"现象

信息化技术与精品课程的整合深度不理想，因此会出现一种外表看上去十分"华丽

完美"，但是在实际实践的过程当中其却相当肤浅，达不到理想的精品课程建设效果。无论是基层的教育工作者，还是教育的主管部门，在贯彻落实"利用现代化技术建设精品课程"这一教育方针的过程中，由于工作落实不到位，对信息化技术和精品课程的整合深度缺乏整体认识，导致工作仅仅只停留在精品课程建设的表面上，引发了如今这种华而不实的整合弊端。

三、现代化信息技术与精品课程整合的有效方法

利用现代化信息技术建设精品课程，是高校要落到实处的工作，只有充分了解和认识现代化信息技术与精品课程之间的关系，然后对二者之间的关系进行深层次的整合，才能够响应教育部门的号召，营造一个全新的信息化教学环境。现代化信息技术与精品课程的整合，最好是能够根据不同信息技术的特点、教学课程、教学方法、教学对象之间的实际需求，在实际的教学工作中不断实践和探索。

（一）利用现代化信息技术，构建信息化精品课程教学环境

在实际的教学过程中，教学环境的营造可以帮助提高教学的质量，而如果能够利用现代化信息技术来构建一个信息化精品课程教学环境的话，那么必然可以让学生在这个环境当中潜移默化地掌握更加系统而且全面的知识网络，提高学习的效率。信息化教学环境的营造，需要利用现代化的教学理念以及现代化信息技术，将二者高度融合在一起，为学生们构建一个全新的教学环境。

（二）利用现代化信息技术，实现精品课程的新型教学方式

在利用现代化信息技术构建精品课程的过程中，其能够为学生们营造一种全新的教学环境，这种教学环境可以突破传统的"教师讲，学生听"的填鸭式教学模式，充分发挥教师在教学过程中的引导作用以及学生在学习过程中的主体性作用。现代化信息技术能够帮助学子们营造一种全新的教与学方式，引导学生在实际学习的过程当中进行"自主研究、自主探讨、自主合作"，充分激发学生的学习兴趣和在学习过程中的主体性地位，让学生能够利用现代化信息技术掌握更加先进的专业技术提高学习的效果。

（三）利用现代化信息技术，营造全新的精品课程教学结构

教学结构，通过固有的教学思想、教学方法以及学习理念来指导高校进行一系列的教学活动，其能够监测整个教学活动的教学效果，使教学活动的进程能够呈现一个稳定的结构态势。而利用现代化信息技术营造全新的精品课程教学结构，就可以改变传统的以教师为中心的教育方式，帮助创建一种以学生为中心，发挥学生主体性地位的全新教学结构，它能够让学生在学习过程中的主体地位得到充分体现。

现代化信息技术能够帮助营造良好的信息化教学环境、教学结构以及教学方式，它

对传统教学的改革有着积极的促进作用，只要将现代信息技术与精品课程进行深层次的整合，就能够体现学生在学习过程当中的主体性地位，充分发挥教师的引导作用，解决我国传统教育存在的不足。然而，让现代化信息技术与精品课程进行深层次的整合，还需要广大的教育者积极配合，努力实践，不断探索。

第四节 现代信息技术与课程整合的实质

一、现代信息技术的发展

目前对信息技术有两种不同认识：一种是基于信息机器、信息设备及其应用软件的操作和应用，认为信息技术是对信息机器、信息设备及其应用软件的操作技术，在这种情况下，人们往往容易以技术论的思想、机器论的思想来认识信息技术，并认为教育信息化是以计算机替代教师讲课，以计算机来呈现教学内容，以计算机来存储教学信息，追求省力化、机器化、电子化、信息容量最大化，甚至产生了学校教育消亡论的思想。其结果是，教学中除了教师灌以外，还有机器灌、电灌。这种理解认为信息技术教育主要是学习信息机器、设备。例如，计算机和因特网的使用方法与操作技能。作为信息技术与课程整合，则主要是将计算机、因特网用于教学过程中。

第二种是基于对信息的操作技术，认为信息技术是对信息的获取、加工、管理、表达与交流应用的手段和方法的体系。它的内涵包括两个方面：①手段。即各种信息媒介。如印刷媒体、电子媒体、计算机网络等，是一种物化形态的技术。②方法。即运用信息媒体对各种信息进行采集、加工、存储、交流、应用的方法，是一种智能形态的技术。信息技术就是由信息媒体和信息媒体应用的方法两个要素所组成的，它包含视听技术、计算机技术、整合技术。信息技术教育不只是培养学生应用信息机器的能力，更重要的是提升学生的信息素养。

学生的信息素养表现在：对信息的获取、加工、管理、表达与交流的能力；对信息及信息活动的过程、方法、结果进行评价的能力；发表观点、交流思想、开展合作并解决学习和生活中实际问题的能力；遵守相关的伦理道德与法律法规，形成与信息社会相适应的价值观和责任感。教育信息化的过程是一种教育思想、教育观念变化的过程，是一种基于创新教育的思想，有效地使用信息技术，实现创新人才培养的过程。对于信息技术与课程整合，则应强调通过学生收集、分析、判断、处理、表现、创造、交流信息实现课程内容的探究学习。

显然，我们讨论信息技术与课程整合时，应该持第二种理解。学习的过程也就是收集、遴选、组织信息并赋予信息以意义的过程，在这一过程中必然要运用已有的知识与智慧，发生意义建构，并使新获得的信息成为增进知识与智慧的基石。因此，在教学过程中，与其由教师单向向学生传递信息，不如师生共同处理信息，并就各自赋予信息的不同意义开展交流，这样才有可能出现高水平的智力交流，使信息融入知识与智慧之中，使教学相长得以成为现实。

二、课程整合概念的认识及整合层面的探讨

"整合"一词为我国科学界和哲学界创用，以对译英美科学界和哲学界中的术语"integrate"。在不同学科中，整合都具有独特的含义，在哲学意义上，"整合"是指系统的整体性及其系统核心的统摄、凝聚作用而导致的使若干相关部分或因素合成为一个新的统一整体的建构、有序化过程。它的理念是从事物自身出发，着眼于自身及其各个因素、部分，最终落脚于事物自身的存在和发展变化。从系统科学方法论的角度看，整合就是指一个系统各个要素的整体协调、相互渗透，使系统各要素发挥最大效益。相应地，我们可以把教育教学中的整合理解为"教育教学系统中各个要素的整体协调、相互渗透，发挥教育系统的最大效益"。

根据信息技术与课程整合的不同程度和深度，可以将整合的进程大略分为三个层面：封闭式的、以知识为中心的课程整合阶段；开放式的、以资源为中心的课程整合阶段；全方位的课程整合阶段。在不同的阶段，技术投入与学生学习投入是不同的。

第一层面：封闭式的、以知识为中心的课程整合。所有的教学都严格按照教学大纲，把学生封闭在教材或简单的课件内，使其和丰富的资源、现实完全隔离。按照教材的安排和课时的要求来设计所有教学活动，如果课程内容较少，就安排一些讨论，设计一些活动，如果课程内容较多，就采用"满堂灌"的形式，力保不超时、不少时。虽然采用一定的辅导软件，但是目前的辅导软件也都在上述思想下编制出来，因此也没有什么突破。整个教学都在以"知识"为中心的指导下进行，教学目标、教学内容、教学形式及教学组织都和传统课堂教学没有什么区别，整个教学过程仍以教师的讲授为主，学生仍然是被动的反应者、知识被灌输的对象。信息技术的引入，只是在帮助教师减轻教学工作量方面取得了一些进步，而对学生思维与能力的发展，与传统方式相比，并没有实质性的进步。

第二层面：开放式的、以资源为中心的课程整合。信息技术与课程整合的第一阶段基本上都是封闭的、以个别化学习和讲授为主。在第二阶段，教学观念、教学设计的指导思想、教师的角色和学生的角色等都会发生较大的变化。教育者日益重视学生对所学知识的意义建构，教学设计从以知识为中心转变为以资源为中心、以学为中心，整个教学对资源是开放的，学生在学习某一学科内的知识时可以获得许多其他学科的知识，学

生在占有丰富资源的基础上完成各种能力的培养，学生成为学习的主体，教师成为学生学习的指导者、帮助者、组织者。按照对学生能力由低到高的培养顺序，此阶段着重培养学生的能力分别是：信息获取和分析能力、信息分析和加工能力、协作能力、探索和创新能力。

第三层面：全方位的课程整合。前两个阶段虽然彼此之间有很大的差异，但是，它们都没有对教学内容、教学目标，以及教学组织架构进行全面的改革。当前两个阶段在较大范围内得到推广和使用，并取得很大成功时，当教育理论和学习理论得到充分发展和利用时，当信息技术在教学中的应用得到更系统、更科学的探讨和细化时，必然会推动教育发生一次重大的变革，促进教育内容、教学目标、教学组织架构的改革，从而完成整个教学的信息化，将信息技术无缝地融合到教育的每一个环节，达到信息技术和课程改革的更高目标。

第五节　现代信息技术与各学科课程的整合

不同的时期赋予了不同的外延，特别是信息时代，信息技术成为社会发展的原动力，信息素养成为信息社会每个公民必须具有的一种基本素质，信息的获取、分析、加工、利用能力是信息社会对新型人才培养所提出的最基本要求，不仅要使学生学习现代信息技术，还要培养学生利用信息技术解决问题的能力和习惯，实现信息技术与学科课程的整合，已成为课程整合的主要内容。要"努力推进信息技术与其他学科的整合"并指出"技术与课程的整合就是通过课程把信息技术与学科教学有机地结合起来，从根本上改变传统教和学的观念以及相应的学习目标、方法和评价手段"，使信息技术与学科课程的整合，以及它所带来的学习方式的变革成为基础教育课程改革的必然。

一、信息技术与整合的概念

信息技术与学科课程整合，就是通过学科课程把信息技术与学科教学有机地结合起来。将信息技术与学科课程的教与学融为一体，将技术作为一种工具，提高教与学的效率，改善教与学的效果，改变传统的教学模式。因此学科课程不仅是知识的载体，更是师生共同探究知识与技能的过程。

从这种新的课程理念出发，信息技术与学科课程的整合意味着：信息技术与学科课程整合，不是被动纳入，而是主动地适应和变革课程的过程，信息技术与学科课程的整合，将对学科课程的各组成部分产生变革、影响和作用。确切地说，信息技术本身不能引发学科课程的变革，但它却是学科课程改革的不可缺少的条件，正因为信息技术的快速发展，引发了学习革命，迫使人们改变传统的学科课程观、教育观、教学观以及学习观等，尊重人的独立性、创造性和合作性，使信息技术与学科课程整合有利于营造新型的学习环境。

二、现代信息技术与各学科课程整合应遵循的原则

课程整合将现代信息技术看作是各类学习的一个有机组成部分，它主要在已有课程（或其他学科）的学习活动中有机结合使用信息技术，以便更好地完成课程目标。但整合不等于混合，它强调在利用信息技术之前，教师要清楚信息技术的优势和不足，以及学科教学的需求，设法找出信息技术在哪些地方能提高学习效果，使学生完成那些用其他方法做不到或效果不好的事。对于学生来说，信息技术则是一种终生受用的学习知识和提高技能的认知工具。课程整合的最基本特征，就是它的学科交叉性和立足于能力的培养。它承认事物联系的整体性和能力培养的重要性，应遵循如下基本原则：

（一）科学性原则

现代学习理论为信息技术与课程整合奠定了坚实的理论基础，要运用正确的教育前沿理论指导信息技术与课程整合的教学实践。

（二）针对性原则

不同的学习者对应不同的学习类型和思维类型，不同的课程对于学习者亦提出不同的目标要求，根据不同的教育对象，应实施多样化、多元化和多层次的整合策略。

（三）有效性原则

整合不是简单结合或叠加，利用信息技术这一多层次、多专业的复杂矩阵体系进行课程整合，须有效地为学习者提供一个充分发挥自主性的舞台，构建一个令学生全面发展的空间。发展指的是知识与技能、过程与方法、情感态度与价值观三维目标的整合。利用信息技术制作的课件具有直观、科学、互动、艺术等特点。如果我们在制作课件时能够把这四个特点与培养学生三维目标的实现进行有效的整合，合理地安排每个环节，充分发挥信息技术的作用，就可以实现教学过程的最优化，使学生得以全面发展。

三、信息技术与各学科整合要更新观念

信息技术在教学中的应用重在信息获取、筛选和运用，同时，技术还是获得和加工信息的工具。实现课程整合最重要的是教育观念的革新，课程整合将信息技术比作各学科学习的有机组成部分，它要在已有课程的学习活动中有机结合使用信息技术，从而更好完成课程教学目标和人才培养方案。

在日新月异的信息时代，教师必须不断"充电"才能满足科技进步和社会发展的需

要，所以，教师要做终身学习者。作为一种新的课程设计思想和教学模式，信息技术与课程整合有着深刻的理论背景。一个教师必须首先学习教学设计方法，并分析媒体的优势和劣势，然后再整体考虑你的课堂教学设计，同时，在设计和思考的过程中，必须考虑学生如何能够应用信息技术来辅助学习。其次，要实现完美的整合，教师还必须具有相当的信息技术处理能力。

信息化时代的教师必须有更高的素质。对教材、教法、学生的把握是传统教学模式所一贯强调的，这一基本功在信息时代显得更加重要，同时也被赋予了新的内容，如教材的处理、学生的新特点、教法的变革等。

通常，学生是在教师的指导下，利用教师提供的资料或通过自己查找信息，进行自主与协作相结合的自主学习方式。在利用信息技术完成教学任务后，师生一起进行学习评价、反馈，形成闭合。在整个教学过程中，学生能够发挥主体性，发展个性，这是整合信息技术教学的最终理想结果之一。

四、信息技术与各学科课程整合的误区

不要只盯着信息技术，除了计算机辅助教学和网络外其他的都不叫整合。整合最重要的不是采用了哪个媒体和工具，而在于我们从整体观、系统观上去考虑它，落实到具体的实践中。

不要把太多的注意力放在用信息技术来演示单纯的事物和知识的呈现上。技术的整合不仅仅是一个展示手段，也不仅仅是为了解决教师如何教的问题，而是要把信息技术作为学生的认知工具整合到各学科中去。如把信息技术作为认知工具，采用任务驱动式学习、研究性学习、自主性学习、协作交流性学习等策略，围绕学科知识的学习进行整合实验。同时，熟练使用计算机与网络，不仅使学生们对教学内容得以更直接更生动的理解，而且在课前、课后，让学生在教师提供的网站上寻找一些相关的课外知识，拓展了他们的视野，培养了他们的想象能力，教育的最终目的是"授之以渔"。

第七章　现代信息技术与课程整合模式

第一节　信息技术与课程整合的思想、模式和方法

信息技术课程的目标是"通过信息技术课程使学生具有获取信息、传输信息、处理信息及应用信息的能力"。随着时代的发展，学生不仅要掌握社会生活必备的信息技术知识与技能，更重要的是要具备良好的信息素养。

一、信息技术与课程整合的思想

信息技术与课程整合是指在学科教学过程中把信息技术、信息资源和课程有机结合，建构有效的教学方式，共同完成课程教学任务的一种新型的教学方式。基本思想有以下几点：

1. 实施课程教学活动要在以多媒体和网络为基础的信息化环境中进行，学与教的活动要在信息化环境中完成，包括多媒体计算机、多媒体课堂网络和校园网络等，学与教活动表现在网上实施讲授、演示、讨论学习、自主学习、创作实践等环节。

2. 把教学内容进行信息化处理，转变为学习者的学习资源，包含三个方面：①教师开发和学生创作，可以把课程内容转化成多媒体课件、网络课程、电子文稿等，教师用来进行讲授或作为学生的学习资源；②充分利用可共享的信息资源，作为教学资源，整合到课程内容相关的课件和电子文稿中，整合到学习者的课堂学习中；③将信息资源与课程内容融合直接作为学习对象，让学生进行分析、讨论。

3. 使用信息加工工具，重构和创造知识。信息技术教师应该加强对学生信息素养的培养，为学生以后更好地学习各科知识打下良好基础。

二、信息技术与课程整合的基本模式

"课程整合"的教学模式是我国面向 21 世纪基础教育教学改革的新视点，它与传统的学科教学有一定的交叉性、继承性与综合性，是具有相对独立特点的教学类型。它的研究与实施为学生主体性、创造性的发挥奠定了良好基础，使学校教育朝着自主的、有

特色的课程教学方向发展。

在信息技术与课程整合中，信息技术作为认知工具，目的在于培养学生的"信息素养"和实践能力。相对于不同学科的定位，信息技术的利用方式不一样，可以将信息技术与课程整合分为三种基本课程模式。

1. 信息技术作为学习对象。信息技术课程作为专门的学科开设，主要学习使用信息技术的基本技能和基本工具。信息技术课不是单纯地学习信息技术本身，而是作为一种工具，整合到实际任务中学习。这些任务可以是其他学科的知识和社会性的问题。在设计任务时要注重灵活创新，对于相同的知识点，在实现其要求的学科目标的前提下，根据不同的社会背景、学校环境和教师特长等，创设不同的情境任务进行教学，不拘泥于教材或参考书的材料。

2. 信息技术作为教师教学辅助工具。学生在教师的组织下利用信息技术学习，在整个教学过程中，学生的主体性和个别化得到较大体现，在这种整合模式下，教师和学生在信息技术的帮助下，进行教与学，教学氛围十分有利于学生创新精神和问题解决能力的培养。教师以课件或网页的形式将教学内容呈现给学生，学生接受了学习任务以后，在教师的指导下，利用信息资料进行个别化和协作式相结合的自主学习，利用信息技术完成任务。最后，进行学习评价、反馈。教师通过整合的任务，发挥主导作用，以各种形式、多种手段帮助学生学习，进一步调动学生的学习积极性。

3. 把信息技术作为学生学习的认知工具。学生作为积极主动的学习者，利用信息技术作为课程学习内容获取工具、情境探究工具、交流讨论的通信工具、知识构建和创作实践工具与自我评测和学习反馈工具，获取信息、交流信息，并最终以电脑作品的形式完成研究任务。

研究型课程超越了传统的单一学科学习的框架，它按照学生认知水平，将社会生活中学生感兴趣的问题，以主题活动的形式实现课程学习目标。学生通过自主、探索和创造性地解决问题过程，将各学科的知识、课内与课外、学校与社会有机结合，促进学生身心和谐统一地发展。研究型课程更加突出了学生的主体性和参与的过程性。在整个研究过程中，整个任务由学生自主完成，教师仅对学生选题、收集和分析资料的方法等进行一般性指导。

由于信息技术课程目标是培养学生的"信息素养"，我们在信息技术教学中，与其他学科进行整合，有利于拓宽学生解决问题的思路，培养学生使用信息技术的意识和兴趣，培养学生的创造精神和实践能力。如在实际教学中，讲授搜索引擎时，可以和其他学科教师联系，先留出问题，然后让学生访问教师的网页或课件（局域网）或相应的教育网站，解决教师提出的问题，最后教师针对实际情况进行统一总结。这样学生兴趣很浓厚，锻炼了学生的综合能力，达到了与其他学科双赢的教学效果。

三、信息技术与课程整合的方法

信息技术与课程整合，应满足学习是以学生、问题或主题为中心的，满足个体需要，学习过程是进行通信交流的，学习者之间是协商、合作的关系，学习是具有创造性和生产性的基本要求。

信息技术与课程整合的基本方法包括：利用信息化学习环境，培养学生的思维能力；利用信息化学习环境和资源，以多媒体呈现，借助内容丰富、具有联想结构的特点，培养学生自主发现和探索的学习能力；利用信息化学习资源，借助人机交互技术和参数处理技术，营造虚拟学习环境，培养学生积极参与、不断探索的精神和科学的研究方法；利用信息化学习环境和资源，创造机会，让学生运用语言、文字表述观点思想，形成个性化的知识结构；利用信息化学习环境和资源，借助信息工具平台，尝试创造性实践，培养学生信息加工处理和表达交流的能力；利用信息化学习环境和资源，提供学习者自我评价反馈的机会。通过形成性练习、作品评价等方式获得学习反馈，调整学习的方法和途径。

将信息技术作为认知工具的课程整合无疑是信息时代中占主导地位的课程学习方式，会成为 21 世纪学校教育教学的主要方法。我们要创造在实际生活学习中使用信息技术解决问题的学习环境，使学生将信息的获取、分析、加工、利用等能力内化为自身的思维习惯和行为方式，从而形成影响人的一生的品质。根据"课程整合"的理念，应倡导和探索信息技术与课程整合的教学，将信息技术与其他学科，或者与实际的社会生活问题进行整合，拓宽学生解决问题的思路，培养学生使用信息技术的意识和兴趣，培养学生的创造精神和实践能力，真正发挥信息技术对教育的变革性推动作用。

第二节　信息技术与课程整合的原则和模式

新时期，"现代信息技术和教育教学的结合"是我国在深化新课改中进行教学改革的新起点，是创新和改革传统教学模式、教学理念和教学方式的重要手段。近年来，随着多媒体技术和互联网技术的迅速发展，基于互联网的多媒体应用日益广泛，多媒体技术在教学中也得到广泛应用。这两者的有机融合，就是把现代信息技术和教育教学有机结合起来，整理和融合各学科的教学资源与具体的教学环节，实现效益最大化，进而促进教学模式的创新和改进，最终达到培养学生创新意识与实践能力的目的。

一、学科课程整合及信息技术概述

相关的概念和内涵应用现代信息技术把学科课程进行整合，就是将学科的教学任务和目标的达成作为基础，将信息技术作为教学方式渗透到整个课程教学中，进而达到教学效率和质量的提升，促进学生主体的构建。所以，在实际课堂教学中应该全面、系统地分析学科的特点，以信息技术为手段，激发学生对所学学科的兴趣，强化学生的学科概念和思维能力及推理能力的培养。

应用信息技术来整合学科课程的必要性新课标明确指出，要让学生掌握一定的学科理论知识，让学生学会理论联系实践的能力，并帮助学生养成良好的学习习惯，培养学生的综合能力。信息技术具有发散性、灵活性及交互性等特点，可有效激发学生的学习动力，为学生的自我学习和合作学习创建环境。这一整合体系的良好形成，可实现学生为主体的教学，打造优质高效的教学课堂。

二、应用信息技术来整合学科课程的意义

有利于教学目的的达成。将信息技术和教育教学完美融合，符合现代教学理论和教育形势的要求，信息的有效整合和教学的本质是高度一致的，二者具有相同的目的。因此，信息技术的积极效用集中体现在学科教师的教学水平和学生学习及全方位发展两个方面，整合的根本目的就在于此。将现代信息技术科学合理地渗透到学科教学中，可以丰富教学方式和方法，拓展课程内容，让教学形式更为多样化、个性化。

有利于教学活动的开展。应用信息技术可有效减少教师备课的精力和时间，提高备课的效率。同时，信息技术的应用可促进师生间的交流和互动。信息技术的有效应用可大大减少教学工作者重复劳动的量，让其有足够的时间来进行教研和再学习，进一步提高教学水平。在实际教学中，每种信息技术都具有其应用的效用，所以要看教学中是否需要借助相应的多媒体，以实现科学合理地应用现代信息技术。

有利于多学科的整合。信息技术与学科课程的有效整合在一定程度上可以实现多学科的整合，促进多学科间的相互渗透。比如地理PPT课件展示中，需要综合计算机、数学、音乐等学科知识来分析和探讨。在综合学习中，可让学生学会和应用交叉性知识。信息技术和学科的有效整合，可以帮助学生突破单学科的限制，让学生找到自己的兴趣课题或学科，进而体会到学习的乐趣，全身心地投入到学习中，学会探究性和合作学习，达到解决实际问题的目的。同时也让学生运用所学知识在实践中提升自己的动手和应变能力，促进对他们创新意识和创造力的培养。

三、应用信息技术整合学科课程的原则

指导原则。要实现科学有效整合，应该有正确恰当的教育理论来做指导，要全面、系统考虑不同教育理论的不同特点和优势，根据学生的学习情况、学习水平、身心情感

等，结合教学的具体对象、教学内容等信息，灵活地应用不同的教学理论来指导整合和教学实践。

经济原则。信息技术在学科课程整合教学中的应用，需要投入一定量的资金和精力，比传统教学模式要多很多，所以在应用信息技术前要了解和掌握信息技术在达成教学任务和目标时是否一定要借助信息技术。不可因使用而刻意去应用、为整合而整合，而应根据实际的教学情况去选择。同时还应该根据学科的具体教学对象、任务、内容、目标等，选择合理适用的资源和工具。

有效原则。信息技术与学科课程整合的应用，不但讲效率，还要讲质量和效果。信息技术的应用，可有效节省教师的备课时间、增大教学的信息量，而学生则可在一定的课时内有效掌握较多的知识和技能，让更多的感官得到刺激，以增进知识的有效消化，促进学习质量和效率的提升。但是并非所有的课程均应用信息技术，而是有选择、有重点地应用，以达到"教"与"学"效果的最优化。

全面原则。在整合过程中应该把信息技术贯穿于整个教学活动，实现科学有效的学科整合，有利于把抽象的教学内容变得更为生动、具体、形象，增强课程内容和实际生活的联系，有利于促进学生学习方式的转变，有利于学生的知识技能、价值观及情感思想等方面的全面发展，有利于培养学生分析和解决实际问题及相互协作的能力。

四、应用信息技术整合的具体实施

（一）实施的基本要求

教师方面。首先，教师应充分了解和掌握现代教育学理论，在理论指导下主动有效地应用信息技术和学科课程的整合；其次，应该掌握并应用多媒体信息技术；最后，应懂得利用和操作自动办公软件、集合画板等教学软件。

学生方面。信息技术应用的根本目的是增强教学效果，培养学生的创新意识和逻辑思维，所以学生也应该对相关信息技术和教学软件有一定的掌握和了解，尤其是自我探究和合作学习时需要的软件。

学校方面。要实现这一整合需要借助交互性良好的多媒体教室、语音室、教育媒体中心等，所以学校应该给予硬件和软件的支持。大部分学科最基本的硬件包括计算机房和多媒体教室；软件则需要几何画板、自动办公软件等。

（二）常用的整合模式

演示型整合模式。该模式是基于现代教育理论指导，应用信息技术来完成的，和传统的"黑板＋粉笔＋口"模式完全不同，比如视频、PPT演示等。该模式的应用要求教师根据具体的学科教学内容和学生的特点，制作符合要求的课件，在课堂教学中利用设计好的课件让学生参与进来，是一种"主导—主体"的模式。该模式需要的硬件主要有多媒体教室、计算机等，软件包括 PPT、视音频播放软件、几何画板等，具体的实施过程是旧课的复习→情景导入→新教学内容展示→教学方法→应用迁移。

探究型整合模式。该模式把合作学习、研究和探究性学习及讲授型学习等多种模式的特点结合起来，学科教师作为主导，激发学生对数学的学习兴趣，充分调动学生的学习主动性。该模式就是要求教师把日常生活、客观现象等作为研究的主题，指导并帮助学生进行探究和合作学习，促进学生分析和处理实际问题、收集和归纳信息、进行实践应用等的能力。其硬件需要交互型多媒体设备、宽带网络，软件需要常用办公软件、交互式教学系统及几何画板等，实施过程是创设教学情境→启发学生思考→协作学习→课堂演示→分组讨论→教师归纳总结及开放式作业。

第三节　信息技术与课程整合的基本模式和要求

课程整合的教学模式是我国面向 21 世纪基础教育教学改革的新视点，它是与传统的学科教学有一定的交叉性、继承性、综合性，并具有相对独立特点的教学类型。它的研究与实施为学生主体性、创造性的发挥创设了良好的基础，使学校教育朝着自主的、有特色的课程教学方向发展。信息技术与课程的整合，是普及信息技术教育的关键，是信息技术课程和其他学科双赢的一种教学模式。本节就中小学信息技术课程整合的三种基本模式与要求进行一定的探讨。

一、信息技术课程整合的基本模式

在信息技术课程整合中，信息技术作为认知工具，教学的总体能力目标是一致的，即培养学生的"信息素养"和实践能力。但对于不同学科定位，信息技术的作用是不一样的，为此可以将信息技术课程整合分为三种基本课程模式。

信息技术课程，以信息技术作为学习的对象（Learn about IT）。信息技术课程作为一门专门的学科开设，主要学习信息技术的基本技能和基本工具的使用。

然而，信息技术课程并不仅仅是简单地为了学习信息技术本身，还要培养学生利用信息技术解决问题的习惯和能力。因此，同样要按照课程整合的理念，把信息技术作为一种工具，整合到实际任务中进行学习。这些任务可以是其他学科的知识，也可以是社会性的问题。教师在任务设计时要灵活创新，对于相同的知识点，在完成所要求的学科目标的前提下，要根据不同的学校环境、教师特长和社会背景等，创设不同的情景任务进行教学，不能拘泥于教材或参考书所提供的材料。

与其他学科的整合，信息技术作为教学工具（Learn from IT）。学生在教师的组织下利用信息技术进行学习，信息技术完全为其他学科的教学服务。

在这种整合模式下，教师和学生在信息技术的帮助下，分别进行教学和学习。首先，教师根据教学目标对教材进行分析和处理，决定用什么形式来呈现什么教学内容，并以课件或网页的形式呈现给学生。学生接受了学习任务以后，在教师的指导下，利用教师提供的资料（或自己查找信息）进行个别化和协作式相结合的自主学习，并利用信息技术完成任务。最后，师生一起进行学习评价、反馈。

在整个教学过程中，学生的主体性和个别化得到较大的体现，这样的教学氛围十分有利于学生创新精神和问题解决能力的培养。同样，教师通过整合的任务，发挥了自己的主导作用，以各种形式、多种手段帮助学生学习，进一步调动学生的学习积极性。

研究型课程，信息技术作为学习工具（Learn with IT）。学生作为积极主动的学习者，以类似科学研究的方式，在信息技术的帮助下，获取信息、交流信息，并最终以电脑作品的形式完成研究任务。

研究型课程中的整合任务，一般不是教材中的内容，而是课后延伸，甚至是社会现实性课题，如环境保护、旅游类问题等。课题的设置要考虑学生的认知能力和年龄特点，采用循序渐进的原则。一般小学低年级学生以生活实践性的活动为主，小学高年级学生以社会综合课题学习为主，初中以学科性综合实践活动为主。

二、课程整合的基本要求

任务驱动式的教学过程。课程整合以各种各样的主题任务进行驱动教学，有意识地开展信息技术与其他学科（甚至多学科）相联系的横向综合的教学。这些任务可以是具体学科的任务，也可以是真实性的问题情景（学科任务包含其中），使学生置身于提出问题、思考问题、解决问题的动态过程中进行学习。通过一个或几个任务，把相关的各学科知识和能力要求作为一个整体，有机地结合在一起。学生在完成任务的同时，也就完成了所需要掌握的学习目标的学习。

信息技术作为学生的基本认知工具。在课程整合中，强调信息技术服务于具体的任务。学生以一种自然的方式对待信息技术，把信息技术作为获取信息、探索问题、协助解决问题的认知工具，并且对这种工具的使用要像铅笔、橡皮那样顺手、自然。

能力培养和知识学习相结合的教学目标。课程整合要求，学生学习的重心不再仅仅放在学会知识上，而是转到学会学习、掌握方法和培养能力上，包括培养学生的"信息素养"。学生利用信息技术解决问题的过程，是一个充满想象、不断创新的过程，同时又是一个科学严谨、有计划的动手实践过程，它有助于培养学生的创新精神和实践能力，并且通过这种"任务驱动式"的不断训练，学生可以把这种解决问题的技能逐渐迁移到其他领域。

"教师为主导、学生为主体"的教学结构。在课程整合的教学模式中，强调学生的主体性，要求充分发挥学生在学习过程中的主动性、积极性和创造性。学生被看作知识建构过程的积极参与者，学习的许多目标和任务都要学生主动、有目的地获取材料来实现。同时，在课程整合中，教师是教学过程的组织者、指导者、促进者和咨询者，教师的主导作用可以使教学过程更加优化，是教学活动中重要的一环。

个别化学习和协作学习的和谐统一。信息技术给我们提供了一个开放性的实践平台，利用它实现相同的目标，我们可以采用多种不同的方法。同时，课程整合强调"具体问题具体分析"，教学目标确定后，可以整合不同的任务来实现，每一位学生都可以采用不同的方法、工具来完成同一个任务。这种个别化教学策略对于发挥学生的主动性和进行因人而异的学习是很有帮助的。但社会化大生产的发展，要求人们具有协同工作的精神。同样，在现代学习中，尤其是一些高级认知场合（例如复杂问题的解决、作品评价等）要求多个学生能对同一问题发表不同的观点，并在综合评价的基础上协作完成任务。而网络环境（尤其互联网）正为这种协作学习提供了很好的平台。

信息技术作为认知工具的课程整合无疑将是信息时代中占主导地位的课程学习方式，必将成为 21 世纪学校教育教学的主要方法。因此在当前我国积极推进教育现代化、信息化的大背景下，倡导和探索信息技术与课程整合的教学，对于发展学生的"信息素养"，培养学生的创新精神和实践能力，有着十分重要的现实意义。

第四节　基于 ID-EPSS 的信息技术与课程整合模式

信息技术与课程整合是改变传统教学结构、实施创新人才培养的一条有效途径，也是目前国际上基础教育改革的趋势与潮流。目前，关于信息技术与课程整合内涵的论述不少，但还没有达成统一。大致可分为三类，分别是工具层面的"整合"、教学层面的"整合"、课程层面的"整合"。

一、当前"整合"教学中存在的问题

问题一：把整合看成是教学内容与信息技术的简单叠加

信息技术与课程整合应该从学生的实际出发，着眼于学生认知行为的发展，重视学生的参与过程和独特体验，使学生的信息素养得到提高，这一点人们已经形成共识。然而由于有些教师对信息素养不太了解，想得过于简单，在教学活动中容易失之偏颇，片面地强调学生的信息素养。

信息技术与课程整合，是指信息技术与课程有机地融合为一体，成为课程结构、课程内容、课程资源和课程实施的高度协调、统一的有机部分。信息技术整合于课程，不是简单地应用于教学，不是"电（脑）灌"代替了"人灌"，不是"信息技术越多、越有滋味，整合就越充分"，也不是"制作一个课件或调出一段录像了事"，而是高层次的融合与主动适应。

问题二：课程与信息技术地位颠倒

按照现代课程观，课程不仅指教科书，还指由其他教学材料、教师和学生、教学情境、教学环境等整合而成的一种生态系统。从现代的课程理念出发，信息技术与课程整合的立足点应该是课程，而非信息技术，切勿为使用信息技术而使用信息技术，片面地追求信息技术的含金量和"教学多媒体的高档化"，否则会陷入"唯技术主义"的泥潭。

问题三：把学生的自主学习误解为"学习的自由化"

信息技术让学生拥有了更大的自由度，为他们提供了自主学习、自由创造的条件。信息技术与课程整合就是要构建一种"以学生的学为中心"的新型教学模式。这种新模式以学生的学习为本作为价值取向，旨在实现从过去仅仅重"教"到现在同时重"学"的转换。然而在实际教学中这种理念容易绝对化，走上一条"自由化"的道路。

信息技术与课程整合，不是要把教学内容搬到屏幕上，追求所谓的"省时、省力"。表面上加快了教学进度，增大了题目的训练量，实际上欲速则不达，事倍功半。所以教师在追求"高效率、大容量、高密度"的同时也要考虑学生的认知负担，考虑学生的接受能力，重视学生的参与程度，给学生足够的思维空间和时间，避免走过场。

二、绩效技术与 EPSS 的相关介绍

以上谈到"整合"的种种问题是有待解决的，那么我们应当采取何种方式来推动信息技术与课程整合水平的进一步提高呢？笔者首先要在这里引入绩效技术、绩效支持和 EPSS 的概念。

绩效是指个人或组织的行为和行为产生的结果。其中"行为"是为了完成某项工作或某个任务所做出的行动，"结果"是行为达到的实际状态与预期状态之间的关系，体现行为主体的业绩水平的高低。绩效技术不是我们所理解的一般意义上的具体形态的技术（如多媒体技术、网络技术等），它是一套系统的运作程序和问题解决方法，通过比较工作场所的实际绩效状态与预期绩效状态之间的差别，从多方面分析差距产生的根源，进而选择、设计、开发并实施各种干预措施，同时监控全过程，对各个环节进行形成性评价，对干预实施结果进行总结性评价。绩效技术运用旨在缩小个人或组织的绩效差距，促进和提高绩效水平。

绩效支持概念包含在绩效技术当中，其目的是针对已经明确的绩效问题提供支持策

略，从而提高个人或组织的绩效水平。电子绩效支持系统是绩效支持的一种实用工具，是绩效支持系统（PSS）的电子化对应物，属于把信息技术和绩效支持相结合形成的软件产品，是人类绩效技术领域最新的干预策略工具之一（Stolovitch&Keeps，1999）。电子绩效支持系统（EPSS）是一种非教学性的绩效干预策略，一方面可以应对知识技能缺乏的绩效问题；另一方面也可以应对部分其他因素造成的绩效问题，即包含一些EPSS之外的非教学性干预策略的功能特点，比如：提供充分的信息资源，组织协同工作，建立评价反馈机制等。

把绩效技术的有关概念引入到"整合"事业中来，我们可以发现，"整合"的发展问题其实也是一个绩效差距的解决问题。"整合"的主旨在于通过使用信息技术优化教学效果，促进教学目标的达成，培养学生的实践精神和创新能力，这是"整合"的预期绩效。而"整合"的现状告诉我们，它的实践并不如人所愿，种种问题制约着它的进一步发展，这是"整合"的当前绩效。两者的差距构成了一个绩效问题，需要设计干预策略进行绩效支持，而 EPSS 则是一种可行的绩效支持工具。

三、ID–EPSS 对"整合"的意义

ID-EPSS 是电子绩效支持系统的一种实例型应用，可以在一个信息化环境中为教学设计提供各种形式的绩效支持，包括任务引导、决策支持、知识管理、资源提供、及时培训、评价反馈等等。从前面的分析我们可以发现，信息技术与课程整合中存在的绩效问题主要围绕教学设计出现，教师对如何利用技术促进教学和学习存在种种困惑。ID-EPSS 作为一种实用工具可以有效地协助教师设计整合技术的教学活动。它是在应用绩效分析方法基础上设计和开发的，以提供绩效支持、解决绩效问题为最终目标。我们可以针对前面谈到的几个"整合"中存在的问题来分析 ID-EPSS 的意义所在。

首先，该系统是在分析"整合"绩效问题的根本原因基础上进行设计的，因而能够解决"高成本、低效益"现象。比如，"高成本"的一个因素在于教师花许多时间去寻找或制作一个特定的教学素材，那么 ID-EPSS 就考虑设计教学资源的文件库，存放具有独立性和教学意义的素材文件（区别于封装的课件和普通多媒体素材），便于教师使用。

其次，ID-EPSS 可以通过任务引导、及时培训等方式来纠正教师在"整合"教学上的理解偏差。比如，教师不了解教学设计的一般步骤，那么系统中存储的任务逻辑模块可以为其提供教学设计引导，提示如何分析教学目标、学生特征、学习需求，如何设计学习环境、教学策略，等等。如果教师对某一设计环节或某种"整合"模式比较陌生，可以随时接受培训（CBT），并查看相关的设计案例。

再次，ID-EPSS 可以用提供决策支持的方式对信息技术环境下的教学设计活动进行指导。信息技术媒体、素材、工具种类繁多，究竟使用哪种类型的资源才能取得最高效

率和最佳效果是教师希望知道的，而这又需要通过教师的实践不断总结。ID-EPSS 将成功的"整合"案例汇总到数据库，抽取其中的技术使用决策方案（某类型的教学目标，某类型的教学任务，配以某种技术整合策略），生成决策库，在专家系统的推理下根据教师的教学参数提供决策建议，提高教师技术使用的有效性。同时，基于计算机的培训（CBT）也可以为教师提供技术整合策略的一般常识，拓展认知，提高自主判断能力。

最后，ID-EPSS 与课件开发工具有重大差别，它是专门为教学设计服务的电子化绩效支持环境。信息技术与课程整合的 ID-EPSS 则是为"整合"教学的设计出谋划策，并非以课件制作为最终目的。在协助设计"整合"教学方案的基础上，它提供课件制作的建议（具有一定的课件集成功能），且完全是从教学设计的需要出发的。同时，系统强调在线评价工具的设计，其评价反馈功能可以根据学生的学习结果参数告之该设计者该"整合"教学方案对预期目标的达成情况，便于分析和调整教学策略。

第五节　移动互联网环境下的信息技术与课程整合模式

信息技术与课程整合是指在课程教学过程中把信息技术、信息资源、信息方法、人力资源和课程内容有机结合，共同完成课程教学任务的一种新型的教学方式，是我国面向 21 世纪教育教学改革的新视点，是与传统的学科教学有着密切联系和继承性，又具有一定相对独立性特点的新型教学类型，对它的研究与实施对发展学生主体性、创造性和培养学生创新精神和实践能力具有重要意义。在大力提倡有效教学的过程中，优化教育手段，充分发挥现代信息技术在课堂教学中的辅助作用，促进现代信息技术在学科教学使用中的常态化，已经成为教育领域中的广泛共识。目前关于信息技术与学科课程整合的研究大多以中小学课程为主，总结前人的研究成果发现，可将信息技术与学科课程整合的教学模式分为四种：基于多媒体教学的课程整合、基于网络的研究性教学、基于网络资源的交流式教学和基于网站的自主式教学。

目前我国正以快速的步伐进入移动互联网时代，移动互联网的普及改变了人们的生活、学习的方式。有关数据显示截至 2022 年 6 月，我国网民规模为 10.51 亿，网民使用手机上网的比例达 99.6%。高流量手机应用发展迅速，主要原因有：首先，用户上网设备向手机端转移，网民对于电脑的使用率持续走低；其次，使用基础环境的完善，如智能手机和无线网络的发展吸引更多用户使用手机上网；最后，上网成本的下降，如上网资费降低。移动互联网技术以其便捷、随时随地上网的优势正影响着现代人生活的方方面面，而在高等教育领域也有良好的应用基础，移动互联网技术为高等教育阶段课程整合研究提供了全新的思路。

一、移动互联网环境下信息技术与课程整合的理论基础

从已有的研究可以看出，随着时间的推移，关于信息技术与课程整合的研究从最初的多媒体课件的制作到基于网站的研究式教学再到基于网络资源的交互式、自主式学习，技术手段不断演化进步，但已有的技术并没有从根本上解决知识无限性与教师有限性的矛盾。移动互联网的产生和大规模应用使得这一问题有了解决的可能。本研究基于以下两点理论假设：

（一）移动互联网技术可实现将本专业核心知识与外围知识、跨专业跨领域知识整合

移动互联网的庞大用户群。移动互联网将每一个移动智能终端与互联网资源连接起来，作为教学资源平台，它实际上是将课堂与整个世界的知识库连接了起来，学生知识的获得不再局限于教师提供的信息源，而是有了更加广阔的来源。因此专业的外围知识、跨专业知识的拓展变得轻而易举，学生通过移动搜索引擎，各类 app 应用及知识聚集的社交平台可以自主获得专业外的知识与经验。

（二）移动互联网技术可以给学生带来全新的学习体验

1. 移动互联网是广域的泛在网。广域的泛在网让学生随时随地、如影随形地使用移动终端学习成为可能。这让大量需要即时的知识传递与共享成为可能。每一条知识都可以被马上发到移动网络教学平台上，每一条知识都可以在第一时间传播，缩短了知识传播的中间环节，提高了信息传递的速度。

2. 移动终端具有高便携性与强制性。除了睡眠时间，移动设备一般都以远高于 PC 的使用时间伴随在其使用者身边。学生手机的使用频率大大超过任何一种电子产品，利用这一特性融合教学目标、内容的知识传递无形中强制学生随时随地学习。

3. 移动互联网具有永久在线及占用用户时间碎片的特性。学生智能手机已经做到 24 小时在线，学生使用手机的时间也呈现出碎片化倾向，这使得课堂以外的碎片化学习成为可能。

4. 移动终端是一种智能感应的平台。学生使用的智能手机不仅具有计算、存储、通信能力，同时智能手机具有越来越强大的智能感应能力，定位功能、二维码功能、语音及视频功能使得智能手机成为教师课外传递知识的最好工具。

二、移动互联网环境下信息技术与课程整合所能解决的问题

高等教育阶段是学生掌握信息技术最成熟的阶段，也是学生对信息技术最渴望的阶段，面对众多的专业性很强的课程，利用信息技术获取知识、掌握知识、应用知识以及

更新知识成为高校师生的共同目标。而目前对于该阶段的相关研究还比较少，新技术的出现和普及不仅解决了高等教育阶段研究不足的问题，还解决了以下几个问题：

解决了教师的知识和时间的有限性与新知识、新技术发展的无限性矛盾。处于知识爆炸的时代，教师以个体的能力与时间对专业知识的掌握是有限的，例如电子商务专业，专业知识随着网络技术的快速发展而不断更新。因此在教学过程中如何利用先进的教学手段、创新的教学理念，发挥学生自主式学习、研习性学习，有效利用课后时间扩展知识量成为教学改革关注的焦点。移动互联网具有分布式的、随时随地进行信息传递和共享的优势与特点，教师可以利用这一优势引导学生积极向其学习的同时主动探索未知领域，促进了师生互动、生生互动，也能实现知识传递过程中的前喻文化（晚辈向长辈学习）、同喻文化（文化在同辈中传递）、后喻文化（长辈向晚辈学习）相融合。

解决了目前师生对教学资源的共享与交流受制于时空限制的问题。现有的信息技术与课程整合研究大多停留在基于网站的自主式教学，这一模式虽然解决了知识扩展与共享的问题，但师生的交流局限于相对固定的环境（如机房），以及相对固定的时间（如使用计算机的时间），这些限制一定程度上降低了师生交流的频率与深度。而移动互联网技术可以很好地解决这一问题。由于移动终端设备在学生中的普及，以及学生对移动互联网的熟悉和兴趣，使得主动积极地、随时随地地进行知识的交流与共享成为可能。

解决了教学过程中对学生评价手段单一、不够全面的问题。目前，高等教育阶段对学生学习情况的评价手段较单一，大部分采用考试的形式，少数课程采用论文及实践作业的方式，此类方式不能全面评价学生的知识体系、学习能力和对知识的运用程度。而通过移动互联网教学平台，教师可以记录和收集学生的学习轨迹，掌握学生每天学习的时间、效率，真正做到利用学生平时的学习态度、表现评价学生学习效果的好坏。

三、移动互联网环境下信息技术与课程整合模式的实施研究

具体的实施分为两个阶段。首先是理论研究阶段，该阶段主要解决如何将移动互联网技术应用到信息技术与教学目标与内容、教学方式、学习模式、学习时间的整合中。然后是实践研究阶段，该阶段解决教学资源网站的制作，移动网络平台的接口设计、教学应用，并将研究成果在电商专业基础课中实施。

（一）理论研究阶段

构建基于移动互联网技术的四维课程整合模型，四维整合模型的维度包括：移动互联网技术与教学目标与内容、教学方式、学习模式、学习时间的整合。

1.基于移动互联网的信息技术与教学目标、内容的整合。改革原有的教学目标，将学生对信息技术的掌握与运用作为培养学生信息素养的一个重要方面。在设立各门课程的教学大纲时，将基于移动网络技术的使用作为考核学生学习能力的一个因素。改革原有的教学内容，对教师安排教学内容提出新的要求，除了涉及最新的移动网络技术的理

论教学以外，教学内容的获取、编排与分享都要充分体现移动网络技术的作用。

2.基于移动互联网的信息技术与教学方式的整合。教师的教学不再局限于黑板与多媒体课件，移动终端成为课上与课后交流学习的主要工具。课堂上利用移动终端向学生提问，发送随堂作业，课后移动网络平台成为师生交流、生生交流的主要场所，也是教师评价学生学习成绩的重要依据。

3.基于移动互联网的信息技术与学习模式的整合。从学生的角度出发，改革原有以教师为中心的学习模式，教师教学生被动接受，转变为学生自主式学习、混合式学习、合作学习。利用移动互联网技术构建有利于新的学习模式开展的平台，提高学生的学习效果。

4.基于移动互联网的信息技术与学习时间的整合。高等教育阶段学生的课外时间大大增加，而这些时间由于移动互联网娱乐的发展被碎片化，学习时间的整合目的就是将这些断续、零散的时间连贯起来完成某一特定学习目标。

（二）实践研究阶段

构建基于移动互联网技术的整合教学平台。创建该平台的目的在于从实践角度验证实现信息技术与学科课程整合。该平台能够实现教学资源的共享，包括多媒体课件、教学视频、参考资料、扩展知识等；实现师生互动、生生互动，包括答疑、自由讨论等；实现学生自主、合作式学习；以及实现对学生学习情况的考核与评价。

1.教学资源网站设计与制作。教学资源网站作为信息整合的总站与教师、学生的手机等移动终端进行信息的集成、分类汇总和信息传递、共享。在分析应用新的教学模式基础上，对网站功能模块进行规划与设计，包括教学资源共享模块、师生互动模块、教师评价系统模块、学生考核系统模块，在各模块下再细分子模块。

2.移动网络平台的设计与开发。采用手机等移动终端app应用程序实现教学资源共享，app程序可与应用较为广泛的微信订阅号关联，利用微信公众平台设计与开发网络接口程序，实现微信与app应用的互联，以及与教学资源网站的绑定与信息共享。

3.教学实践。收集教学资源，设计相应的app应用模块，包括教学课件、教学视频、课堂练习、课后作业、师生互动、讨论版等。设计与开发微信公众订阅号，构建框架，组织推送内容。最后结合课程的开展记录学生使用数据，构建学生评价体系，将通过移动互联网收集的数据作为学生平时成绩的重要组成部分。

本研究试图在移动互联网环境下，探索信息技术与学科课程整合的新思路，在理论上创新理念，突出移动互联网技术的特征，从"以教师为中心"向"以学生为中心"转变，从"以教材为中心"向"以网络资源为中心"转变，从"以实验为中心"到"以实战为中心"转变。在实践上通过资源整合及协作，更好地实现课程资源共享，通过教学资源网站与移动教学网络平台，学生可以方便、快捷地获得关于本学科领域的全面、系统的理论及实践知识，弥补了课程设置的滞后性，同时提高了教师自身素质和教学水平。

第八章　现代信息技术与课程整合发展

第一节　高校信息技术教育课程体系

在信息时代背景下，学生信息素质的高低对其就业竞争力有着非常直观的影响，从当前的高校信息技术教育教学现状来看，普遍存在着教师专业素质较低、课程学时较少、教学方法不合理等诸多问题，导致实际教学效果不甚理想，严重影响了学生信息素质的培养，学生在就业时也很难获得用人单位的青睐。对此，高校应积极转变教学理念和教学模式，加强信息技术教育课程体系的构建，确保学生能够在课堂教学中得到知识和能力的协同提升，从而为学生的顺利就业提供有力的支持和保障。

一、高校信息技术教育课程体系构建的原则

一般来说，信息技术教育课程体系涵盖的内容非常广泛，主要涉及计算机技术、网络和通信技术，以及其他与之相关的技术，在人们的生产生活中发挥着重要作用，可以大大提高信息分析、处理和传输速率，给人们提供完善的信息服务。人们的思维和生活随之发生了翻天覆地的变化，人们越来越享受信息技术带来的便捷化和高效化生活。在21世纪，信息技术专业人才的培养已经刻不容缓，这与国家发展和社会进步具有极为密切的联系，作为相关人才培养摇篮的高校必须要主动肩负起这一崇高使命，加强信息技术教育教学改革，致力于向国家和社会输送更多高素质、高水平的人才，而信息技术教育课程体系的构建就是实现这一理念的首要前提，具体而言，在课程体系构建过程中需要遵循的原则有如下几个：

（一）与时俱进原则

时代发展的脚步永不停歇，高校在开展信息技术教育教学工作时应紧紧握住时代的脉搏，与时代发展速率保持同步，这样设计的教学内容才能客观真实地反映出产业发展现状，对于其未来发展趋势也能有个准确的把握，有助于增加学生对信息技术产业的了解程度，进而树立明确的学习目标，制订科学的学习计划，学生对于信息技术的学习也会报以高度热情，在此情况下高校信息技术教育教学的开展必然会更加高效。

（二）理论联系实际原则

重理论、轻实践是传统教学的通病，这一落后的教学思想必须立即予以摒弃，在实施信息技术教育课程体系构建期间必须要严格遵循理论联系实际的原则，让学生的理论知识在实践过程中得到深化，促进学生理论和实践的紧密融合，这样学生才能学以致用，对于信息技术产生深层次的认知和理解，并运用这一技术解决现实生活中的各类问题。学生的成长将会非常迅速，其成才之路也会一片坦途。

（三）连续性原则

大多数学生在高中期间已经系统性学习了有关信息技术的知识，高校信息技术教育就是要将这一部分知识予以进一步拓展和延伸，促进学生信息素质的稳步提升。基于此，在信息技术教育课程体系构建过程中应始终坚持连续性原则，增加教学内容之间的关联性，与高中学习的信息技术教学内容巧妙衔接到一起，帮助学生在脑海中形成完整的信息技术知识体系，那么高校信息技术教育教学目标将会得以顺利达成和实现。

二、高校信息技术教育课程体系构建对于教师素质的要求

教师作为高校信息技术教育教学的组织者和策划者，其扮演着多个角色，不但要将信息技术相关知识技能传授给学生，还要在学生遇到问题时能够为其答疑解惑。更为重要的是，教师要充分肯定和尊重学生的教学主体地位，采取多种多样的方法手段来调动学生的主观能动性，让学生能够积极参与到信息技术教育教学活动中，深入探索问题，并在学生的自主学习和研究遇到瓶颈时及时加以启发和引导，让学生在正确的道路上不断前行，这样学生信息素质的培养和提升才能更具成效。大量的调查和研究表明，一位优秀的信息技术教师在知识和技能方面均需要达到一定的层次：

从教师专业知识的角度而言，通识类、本体类和条件类知识都是信息技术教师所不可或缺的。教师是学生学习的榜样，必须对于各个领域都有所涉猎，知识面非常宽泛，尤其是在本专业知识的讲解上更要能够使用简洁通俗的语言让大多数学生都能够听懂。此外，教师还要根据不同的教学对象组织不同的教学活动，并把握好课堂教学节奏，在出现突发状况时游刃有余地解决，让学生在信息技术课堂上能够获益良多。

从教师专业技能的角度而言，考虑到信息技术课程的特点十分鲜明，对于教师教学能力的要求较高，教师需要制订科学严谨的教学方案，明确信息技术课程教学目标，在课堂授课期间可以将本节课的内容顺利讲完，还能调动学生思维的积极性，让学生对教学内容留下深刻印象；与此同时，教师应该设置大量的实践活动，有计划地培养学生的实践能力，让学生的信息素质得到明显的强化。

三、高校信息技术教育课程体系的构建路径

（一）完善教学设施

现阶段，我们正处于信息技术迅猛发展的时期，正在开展信息技术教育相关教学活动时应该与时俱进，将教学模式和组织形式积极予以革新，让学生清晰地看到信息技术在现实生活中的实践应用，这样学生才能由衷产生学好信息技术的强烈愿望，在课堂学习中保持全身心的投入状态。为了给信息技术教育教学创造优质环境，高校应该加大资金投入力度，购买先进的硬件设备，将教学设施予以完善和更新，以便在信息技术教育教学中可以灵活运用多种现代教学设施和教学手段，促进信息技术教育教学的信息化、现代化发展，从而牢牢抓住学生的眼球，提高学生的学习积极性和主动性，推动信息技术教育教学效果迈上一个崭新的台阶。

（二）运用多样化的教学手段

以往高校在信息技术教育教学中通常过于依赖多媒体教学，忽视了这一教学方式存在的缺陷，难以真正满足学生多元化学习需求，对此，教师应该重视运用多种教学手段，同时将传统教学方式与新型教学方式结合起来。在信息技术教育课堂教学中，由"教师讲，学生听"转化为"教师与学生共同探讨"，由一味地让学生完成任务到教师通过多媒体课件内容引导学生独立思考或学生之间相互讨论，之后老师再给予相应的评价与总结。在教学过程中，教师要始终以学生的主体地位为依托，对学生的思维能力、合作能力、探究能力、创新能力加以培养，确保学生能够适应时代和社会的发展需求。

（三）采用分层教学模式

大学生需要具备的信息技术知识和能力结构主要有初级、中级和高级三个层次。初级能力要求学生必须会简单的中英文字表处理和上传、下载信息文件，并对组建局域网有一定的认知，至少会使用一种操作系统；中级能力要求大学生会开发并操作小型数据库，能安装使用先进软件；高级能力要求学生能够组建计算机网络，实现区域资源共享并具备一定的网络系统开发能力。为了综合满足学生不同的能力要求，需要在课程体系中加入计算机公共基础、VB、VFP、C语言、软件开发环境和平台及硬件技术基础等课程内容。对于信息技术专业的学生可以开设高级计算机语言、网络开发技术、图形动画处理技术等课程。根据学生实际需求丰富信息技术课程体系，满足大学生多元化的发展要求。

（四）合理使用信息技术课件

部分信息技术教师认为，在新时期的信息技术教育教学中信息技术课件具有无与伦比的作用，是开展教学活动的重要载体，他们经常胡乱使用课件，无异于将书本上的内

容用多媒体播放出来，却忽视了与学生的情感交流，对于学生的学习需求不甚了解，制订的教学方案就会缺乏针对性，无法对学生的知识和能力进行强化。高校信息技术教师应该立即转变这种思想，合理使用信息技术课件，使之成为课堂教学的辅助，而不能喧宾夺主，教师仍然要注重与学生的沟通，深入挖掘学生的学习需求，结合大学生身心发展特点来制订教学方案，这会让信息技术教育教学具有突出成效。

高校信息技术教育课程体系的构建对于信息技术专业人才的培养大有助益，高校应以与时俱进原则、理论联系实际原则、连续性原则为指导思想，加大资金投入力度，积极完善教学设施，加强对教师专业素质的培养，使之能够更好地胜任信息技术教育教学工作，给学生提供良好的教学服务。教师则应该灵活运用多种教学手段，采用分层教学模式，合理使用信息技术课件，以此来提高高校信息技术教育教学效果，为学生成才之路添砖加瓦。

第二节　现代信息技术的在线开放课程建设

随着现代信息技术的逐步发展，我国在多个领域中都应用该项技术，并取得了较为成功的发展成果。在教育领域中，开放课程的建设能够在较大程度上提升学生的学习兴趣与学习积极性，也能够为教师提供更为优质的教学资源与教学课件，使教师在进行相应的授课内容时，更为得心应手。最终使学生得到能力与成绩的全面提高，为我国未来的建设与发展培养更多更优质的青年，进而使我国能够持续繁荣发展。

一、在线开放课程建设的背景及必要性

（一）在线开放课程建设的背景

自改革开放以来，我国一直在稳步发展，并实现了经济与科技的同时发展。目前，我国现代化信息技术的发展逐步壮大，不仅能够进一步提升经济的繁荣与科技的创新，更能在教育方面实现资源流动。现今社会是现代信息技术引领发展的时代，该种技术在课程教育与信息传递方面打破了时间与空间的界限，为学习者带来了便捷、高效的学习体验模式。在该种发展形势下，学校、教师以及学生要重新审视现有的教学模式，打破固有的教学思想，引进全新的教学思路，使整个教育事业得到全面的发展。在线开放课堂应需求而生，能够全方位满足教师与学生的学习要求，在学习过程中，教师能够与其他城市甚至是其他国家的教师互相交流、学习借鉴，学生也可以根据自己的喜好，进行跨专业、跨课堂的学习。应用现代信息技术建设在线开放课程能够在较大程度上促进行业间的学习、沟通，是时代发展的必然选择，能够促使我国的教育水平在较短的时间内

得到显著的提高，并为我国打造更具个性化的人才。

（二）在线开放课程建设的必要性

开放课程又被称为公开课，主要是指通过网络进行传播的国内外优秀课程的视频教学，该种课程能够利用现代信息技术，将教学内容与网络平台进行良好的融合，使教学任务的完成不局限于课堂中，教师借鉴、学生学习可以随时随地进行。不仅如此，在线开放课程还可以针对不同的学习阶段、不同的学习内容采取相应的更为有效的学习方式，使学生在学习过程中能够拥有更强的自学学习意识与学习方式方法的创新能力，进而全面提高学生的学习成绩。该种教学方式既符合时代发展的需求，又能在较大程度上满足教育改革形势下教育部门对课程进行方式、内容提出的要求，使教学效果的呈现更为完善。因此，在现代信息技术的发展下积极投入在线开放课堂的建设是十分必要的。

二、在线开放课程在现代信息技术时代支撑下的发展优势

（一）综合优秀的教学资源并提升教学质量

在现代信息技术的支撑下，在线开放课程能够将各个领域的教学资源进行收集、整理，并将其中优秀的教学资源进行相应形式的整合，使其能够以更为优质的状态呈现在教师与学生的眼前，实现教学资源的共享，为全体师生打造更为优质的学习平台。对于教师而言，若想提升自身的授课水平与能力，则需不断地进行相应的学习与教学方式的创新，应用在线开放课程能够通过对人才培养计划与课程制订方案的研究与学习，提升教学能力，使其在未来的教学中能够创建出更为适合自己的教学方案，使学生能够易于接受自己的授课内容，完成学生与教师的共同发展；而对于学生而言，与传统课程相比，在线课程可随时随地学习，不仅如此，精选的优秀课程具有更为系统的重点、难点讲解，且其课件图文并茂，能够更为吸引学生的注意力，能够较大程度上提升学生的学习兴趣。从而，在多方面完善我国的教学质量。

（二）在线开放课堂的建设具有教学高效性

在线课堂的建设拥有现代化信息技术的支持，在该技术的保障下，在线课堂能够有效地保障自身发展的局限性，颠覆传统的教学观念，在网络资源迅速发展的时代下，合理应用在线开放课堂能够在较大程度上促进各界教学资源的共享与传播，使教学质量能够得到进一步的提升。以我国现今教育占比较高的高职院校为例，在其发展的进程中，主要存在的问题是，师生比例严重不协调，学生数量过多而教师资源缺乏，教师的日常工作任务量较大，并且需要耗费大量的时间进行学生的课程辅导，严重拖延了教学进度。将在线开放课堂合理地应用于高职院校则可有效改善该种不足，教师通过在线课堂的学习平台完成学习任务通知、课后作业的预留、重点问题的讲解等，在较大程度上节省了

时间，使学生能够拥有更为高效、系统的学习。

（三）强化学生的自主学习能力

在线开放课程的授课理念与传统的教学理念存在巨大的差异，在传统的教学模式下，课堂中，学生主要负责听课、记录笔记，而问题的讲解、深化以及研究都由教师一人完成，严重打击了学生的课堂参与性与自主学习的能动性。在线开放课堂的应用能够有效地弥补这一系列的不足，该种课堂的应用模式中包含直播功能与习题库，其中，直播功能是最受学生喜好的网络内容，能够吸引学生，并能提升其学习的自主性。而为了能够有效地保障学生学习的认真态度，习题库在原有的答题模式中，增设了交互式答题方式。在兴趣与监控二者的共同促进下，学生的学习动力与学习主张能够得到更好的开发与利用，长此以往，必然能够在较大程度上强化学生的自主学习能力。

三、基于现代信息技术的在线开放课程建设研究

（一）在现代信息技术的影响下进行课堂教学内容的调整

对于现今教学模式而言，需要进行调整的课堂教学内容主要包括教学方式与教学结构。以大学阶段的包装工程学院为例，在进行运输包装的专业课程学习时，主要学习的内容包括基本概论、理论实践以及自主研发三方面。该学科中基本概论是包装的力学分析，理论实践是包装物品实际运输过程中所需要的相关知识与具体实验，另外，学生会根据运输包装的具体概念要求进行相应的创新性研究，并将其研究以实物的形式展现出来。因此，在在线开放课程的实践建设时，首先要将理论知识部分的相关内容以"微课"的形式上传于共享平台上，让学生以自学的形式对基本概念有系统化的认识；在正式课堂讲解中，可以对力学部分中无法进行现场演示的相关实践内容以视频的形式教学，使实践内容更为直观、具象；在学生的自主研发阶段，学生可以根据自身设计的需要在开放课程的平台中收集、整理资料，使设计更为完善。

（二）在线开放课程的网站设计

现代信息技术下的在线开放课堂的建设主要包含两方面内容，即网站的初期建设与网站的后期维护。对于非专业的工作人员，该工作内容较为繁复。因此，各个院校在实施该课程的建设时。要聘请相关高科技的技术人员进行网站的设计、制作。首先，需要健全网站中的相关内容，主要包括课内学习中的微课、教学材料、教学内容、实验课程、课后延伸；课外学习中的优质网络教学资源、优秀参考资料；能力检测方面的课堂作业、课题研究、问题探讨等。将内容逐一补充，并进行充分的说明与完善，使网站在实际应用中更具实用价值。其次，网站的后期维护，在应用该课程平台一段时间后，会有大量的数据、课程、视频等教学课程的更新，相关的技术人员或教师应该对网站进行相应的

更新工作，使其能够适应学习内容与教学模式的发展。并对其中的试题与考核形式进行恰当的调整，以呈现更为优质的教学效果。

（三）在线开放课程的考评机制的建立

在现代信息技术的指引下，在线开放课程建设不仅要创建全新的授课模式，开发相关网站的应用，更要进行课后考核、评价的全新改革。在传统的学生能力测评中，只有单一的笔试模式，在较大程度上限制了学生的全面发展。在在线开放课程投入使用阶段，可以应用网络资源实行多元化的考核形式。网络平台中的考评要计入期末成绩，包括课堂学习内容测评、课后作业完成情况测评。此外，在涉及实践实验的学科，教师应该严格把控学生的实验报告完成情况，并根据其实践、实验的完成情况进行点评，并给出相应的成绩。不仅如此，在线课程平台中还包含统计功能，对学生平时在网站中的学习时间、学习内容等相关学习状况进行统计，并将其统计结果一并计入最终的期末成绩，如此一来，不仅能够在较大程度上实现全面的成绩测评，还能激发学生的学习兴趣。

在现代信息技术的基础上，建设在线开放课程能够进一步提升我国的教育质量，使学生和教师拥有更高的学习与借鉴的平台。与传统教育相比，该种全新的教育模式拥有更多的优势。本节重点阐述了在线开放课堂能够综合优秀的教学资源并提升教学质量、建设具有教学高效性以及强化学生的自主学习能力三方面，并举例说明其实际应用中的重点发展对象，望本节的研究能够在较大程度上促进我国教育事业的发展，使学生的成绩能够得到较大程度的提高。

第三节 现代高校信息技术教育课程体系构建

高校课程体系是现代高校培养人才的关键，是实现教育观念和教育思想的主要载体。现代高校培养人才是为了满足教育者对能力、素质和知识的要求，达到他们的理想预期，课程体系就是实现上述问题的核心，决定了受教育者能否实现预想的教育目标，决定了受教育者的知识和能力水平。构建现代高校信息技术教育课程体系是当今高校教学的重中之重。在当今社会进步和科学发展背景下，信息技术教育已经成为高校学生学习生活中必不可少的一部分。如何应对这崭新的挑战，实现预期的教学目标，就需要高校认真分析和研究在信息技术教育过程中遇到的障碍与问题并思考相应的解决措施。

一、高校信息技术教育课程体系构建方式

在信息技术课程体系构建过程中，首要任务就是要明确课程体系构建的方式。由于当前高校信息技术教育形势的发展，科学技术的日新月异以及对人才能力要求的变化，

信息技术构建的方式也在不断更新。由简单介绍一些信息技术课程的基本概念和基本原理转化为增加实验课，培养学生的技能与动手能力的强化。由仅要求学生具备基本操作使用技能即可转化为具备科技创新能力与实际开发能力，培养学生牢固掌握本专业知识并能够应用本专业知识进行独立创造创新的能力。通过研究教学内容的基础性、科学性与前瞻性，将信息技术教育课程体系与教学内容与国际接轨。将本领域最新研究成果体现在教学内容中，提升知识的有效性。通过这些方式满足学生终身学习终身受益的需要，最终使学生既掌握本专业基础知识，又能够在掌握基础知识的基础上动手解决实际问题。

二、信息技术教育课程体系构建流程

信息技术教育课程体系给高校课堂教学效果带来了突飞猛进的提高，促进了由传统教学模式向现代化教学模式的转变。现代高校信息技术教育体系构建采用了如下流程：

（一）完善教学设施

这样使得新时期的教育工作者跟随当今社会发展的潮流，清醒地认识到随着时代的进步和科学技术的发展，教学内容和教育模式也应该以信息技术为载体得到相应的更新与突破。国家加大了对教育方面的支持力度，完善教育设备，并抓住机遇，加大宣传力度，大力推进现代化教育进程，实现教学信息化、教育现代化。学校也重视了对教师课堂教学效果的把控。通过多媒体辅助教学设备，教师能够更好地统筹课堂，吸引学生学习兴趣，引导学生实现对其知识掌控以及独立解决问题能力的培养。

（二）教学手段多样化

由于当今世界科技的进步和知识更新速度的加快，信息技术教育应运而生。多媒体教学成为当今课堂教学的主要方式。仅凭多媒体课件教学难免会出现一系列缺陷。所以，学校不断更新教学方式，把传统教学方式与新型教学方式结合起来。由"教师讲，学生听"转变为"教师与学生共同探讨"，由一味地让学生完成任务到老师通过多媒体课件内容更有效地引导学生独立思考或学生之间相互讨论，之后老师再给予相应的评价与总结，确立了学生的主体地位，培养了学生独立思考的能力，适应了当今社会飞速发展的需要。

（三）依据教材分层次教学

虽然信息技术教育是一种很有效的教育方式，但是教师如果过度依靠多媒体课件，就会造成课程内容过于紧凑、课程重点不突出等问题。所以教师应该在教材基础上进行教学。这就需要教师首先做到将教材研究透彻，将学生了解清楚，这样才能做到"因材施教"。教师应具备精讲的能力，精心挑选课堂内容，对比较容易的知识加快速度讲解，给学生留出更多练习时间，加快学生对知识的内化速度。而对于比较困难的知识则通过多媒体辅助教学手段，配合相应的示例，使学生更快理解，从而达到"举一反三"的效果。对于基础较差的学生布置相对简单的任务，巩固基础，之后再由浅入深，由易到难。对于基础好的学生布置相对困难的额外任务。这样不仅能够节省教师的教学时间，还为学生实践能力和创新能力的培养提供了极为便利的条件。

（四）合理使用信息技术课件

信息技术课件在课堂教学中只是起到辅助作用，并不能取代教师的主导地位。因此，教育工作者在课堂教学中合理利用多媒体课件，注重学生之间的互动与情感交流。在信息技术教育课程体系构建过程中使多媒体课件有效为课堂教学服务，使这种信息技术教学模式得到健康的发展，从而达到教学环境的改善和教学结构的优化。

三、信息技术课程体系构建成果

在教育体制改革浪潮引领下，信息技术的教育帮助我国教育模式又迈向了新的台阶。一切新生事物在发展初期阶段都会遇到一系列问题，针对这些问题又会提出相应的解决办法。现代高校信息技术教育课程在构建过程中不断解决自身问题并取得了如下成果：

（一）转变了传统的教学观念和教育模式

传统的教学观念和教育模式限制了我国教育水平的提高。信息技术课程体系的出现改变了学生更加习惯"老师讲，学生听"这种被动接受知识的教学模式，也转变了不少教育工作者仍然在用旧的教学观念和教育方法来对待课堂教学的传统教育模式。使现代高校认识到推动信息技术教育课程体系是全社会的事情，使这种教育模式真正得到推广与应用。由于各个城市、各个地区发展水平和思想观念不一致，多媒体教学设备在有些地区还没有得到用武之地。加之一些教育工作者尤其是中老年教师不能迅速适应时代的发展，仍习惯于应用原有的教育模式，对多媒体设备使用不熟练，对多媒体设备的供应和对教育工作者的培训不足也使得信息技术课程教学效果大大降低。

（二）促进了信息技术和传统模式的结合

信息技术教育构建初期在各个学科教学中大量应用，取得了一定的成就。有部分领导和老师认为信息技术教学模式应该应用到每个学科每节课程中，如果在哪个课堂中没有应用到信息技术教学模式（也就是当今流行的多媒体教学）或者只应用了几分钟的话，那么这节课程就算不上一节好课。很多高校意识到了这种现状，发现这所谓的多媒体也仅仅是简单的文字加图片而已，完全可以通过一台计算机实现，也就及时纠正了"无多媒体不成好课"这一说法，改变了构建初期在教学过程中过度依赖信息技术而忽略其他传统教学手段的弊端。这个时候，不仅老师的价值会大大提高，学生互动讨论的机会也会逐渐增多。事实上，多媒体只是一种教学工具，一种辅助手段，只是信息教育的一部分，在课堂教学中起到主要作用的仍然应是师生之间的配合。信息技术在课堂教学中的应用不应是为了信息化而信息化，不应求量不求质，而是通过师生与多媒体之间的通力协作，真正达到完善和优化课堂教学的目的。

（三）保证了课件的实用性

多媒体教学课件在信息技术课程教学中发挥着重要作用。随着多媒体教学的推广，各类教学大赛和优秀课件评选活动相应增多。现代高校以课件的实用性、延展性、针对性、有效性为标准衡量教育工作者制作的课件的好坏。在设计课件过程中追求实用，不再追求过度"精美"的课件。这样不仅节省了教师制作课件的时间，为教师研究教材内容提供了良好的机会，而且也避免了学生由于课件内容过于花哨复杂出现的注意力不集中、接受程度不高等问题。在课件设计过程中追求实用性也使师生之间的配合更加默契，在极大程度上节省了教师板书的时间，保证了课堂效果。

（四）增大了课程容量

多媒体教学可以使图片、声音、动画与课程内容组成一个完整的课件，更加调动了学生的学习兴趣，教师可以利用多媒体辅助教学适当增加教学内容，突出重点难点。这样可以使学生对教材理解更加透彻，有更多的时间独立思考与练习，更能把所学知识内化到自身的知识结构中。

通过本节的探讨分析可以了解到，当前高校信息技术教育课程体系正在朝着其目标不断改正存在的缺陷与不足，通过一系列构建方式、构建流程取得了一定的效果，从而优化了当今高校信息技术教学效果，使学生真正在高校信息教育课程体系中受益。

第四节 现代信息教育技术支持下的实训教学课程

高职院校为了提高学生的实践技能，大力推进教学改革，将纯理论课改为理实一体或实训课。课改的目的是激发学生学习兴趣，让学生能更好地适应企业市场的需要，与企业进行良好对接。但是实训课教学也存在着一定的问题，比如设备较少，不能满足所有学生同时进行实训等问题。若教学设计安排不合理，会导致一部分学生在课堂上无所事事，严重影响课堂教学质量。随着科技的发展，将现代信息教育技术引入实训教学，可以从一定程度上缓解这一问题。

一、传统实训教学的特点与弊端

传统实训教学通常采用讲练的模式，即教师先讲，学生后练。一般情况下，除了计算机的课程，大多数院校不能做到一人一台设备，边学边练。而现在的学生注意力集中时间非常短，他们在较短的时间内不能记住教师讲解的要领进而进行自己操作，即便是教师来回进行巡查也不能帮助每个学生解决问题。

对于实训教学过程中的教学评价，其过程考核一般以布置课后作业为主，即使在老师的要求下大家都写作业，但大多数班级作业只有几个版本，因此不能获得全班同学对知识的掌握程度，这是平时的教学情况。在终结性评价上，期末考试或者单独考核是获得每个同学对知识的掌握程度的最好方式。但是这种考核方式耗时耗费精力，次数较少，对学生学习情况获取较滞后，基本上课程结束才能获得，能获得的教学评价信息以及对教学设计进行改进只能应用于下一个年级的教学。教学环节中的教学评价的实时调整作用并不显著，教学效果不得而知。现代信息技术的发展，尤其是大数据对教学的影响，使这一切有了很大的改观。

二、现代信息教育技术支持下的实训教学实施

（一）现代信息教育技术运用

传统实训教学最大的难点是实训设备不足以满足每个同学同时操作的需要，那么不在操作的同学的任务安排是教师极为头疼的事，即便教师来回巡查，依然有学生我行我素，沉浸于自己的世界，而没有参与到课堂中。使用现代信息教学技术对课程教学设计进行优化，可以给学生通过手机下达不同的任务。实时进行考核，可以督促学生回归到课堂当中来。在课前，可以把用于预习的课件、微课和学习任务单上传到微信雨课堂，教师根据学生在平台上的数据反馈提炼出教学重难点。在课堂中，一部分学生在操作，而另一部分学生则完成操作要点的习题。通过优幕平台，教师可以看到学生的任务完成情况，还可以得到数据分析，进而进一步了解学生的薄弱点所在。课后，教师通过在优芽平台上制作的精美的互动游戏，进一步检验学生的学习效果，学生可以利用任何很小的空闲时间对所学知识进行复习，而不当成是一种负担，对不明白的地方可以通过 QQ 群、微信群进行沟通交流，以得到老师和同学的解答。

（二）教学过程实施

在实训教学过程中，以时间为主线，实现全程式学习，课前和课后以线上为主，课上线上和线下相结合。

课前，将电子任务单微课、电子课件等资源上传至微信雨课堂，根据学生在网络留下的数据提炼出教学重难点。课中，运用优幕平台，分为引入、演练、深化、训练、归纳、总结五个环节。在引入环节，引入工程案例，激发学生的学习兴趣，引入讲授的主题。在演练环节，采用讨论教学法、问题教学法、游戏化答题、案例教学法等多种教学

方法进行灵活运用。整个过程中充分发挥学生的主体地位。在深化环节，教师进一步设问，引导学生深入学习，突出了教学重点，区分易混知识点。在归纳环节，教师和学生共同完成阶段性归纳，消化当堂所学的知识。在训练环节，列举工程案例，培养学生分析、解决问题的能力，实现所学即所用。

整个过程将工作任务载体化，充分激发学生学习兴趣，以信息化辅助教学，发挥教师主导、学生主体的作用，注重解决工程实际问题，放手让学生自主探索学习，从"我学"会升华为"我会学"。在总结环节，利用板书留下知识的脉络，教师和学生一起总结。课后，通过优芽平台进行游戏化习题设计，激发学生的学习兴趣，巩固所学知识。

（三）教学评价

现代信息技术的使用，可以使得评价更精准，力图做到考核内容多元化、考核方式多样化、考核过程全程化。基于平台有强大的数据分析功能，可以利用学生参与平台互动产生的数据和痕迹对学生的学习情况和学习偏好予以了解，并根据相应的数据分析进行教学策略与教学内容调整。

三、教学结果

（一）教学评价更准确、及时

传统课堂教学中数据采集方法与渠道往往非常有限，信息化技术应用程度不高，且数据分析结果用于干预教学的周期较长，难以较好地满足当今的教学需求，应用现代信息教育技术可以改善这种情况。比如，可以进行多次考试，实时测评，网络教学平台能自动计算成绩，并对其进行数据分析，从而提炼出易错点和易混点。教师根据易错点和易混点进行教学调整，重点讲解，短期实时调整。

随后，教师可以根据各种网络平台产生的大数据进行阶段性教学微调。相比传统教学，教师降低了批阅的工作量，但却获得了更精准的教学评价数据，这些数据能指导教学，帮助教师确定有针对性的策略，根据教学效果进行实时调整，从而从根本上改善教学效果。

（二）差异化教学

对于传统的课堂，通常是基础好的学生做完了布置的任务而基础不好的尚未完成，教师要审时度势，按照基础较差的进度来。这样对于学习基础好的同学来说，时间处于闲置，不能得到能力的提高。把现代信息教育技术引入课堂，可以对这一现象大为改观，教师可以通过网络平台上传基础性任务和提高性任务，使基础好的同学和基础不好的同学都能参与到教学过程中，平台会对提高性任务进行自动批阅并给出解析，基础好的同学能力得到了提高，同时也让基础差的同学跟上大部队，实现差异化教育，进行因材施教。

随着现代信息技术的发展，充分合理利用现代信息教育技术，采用混合式教学模式，激发学生学习的兴趣，利用平台留下的大数据进行反馈，及时发现教学难点，进行重点释疑，充分发挥教师主导、学生主体的地位。实现差异化教学，尊重学生的个性化学习需求，针对不同学生对于知识的理解、领悟能力不同的特点，设置不同的任务，激发学生自主学习能力。在教学过程中以项目、任务为载体，将知识颗粒化，体现教学做合一，注重学生职业能力培养，整个教学过程体现以职业活动为导向，以能力为目标，以学生为主体，以素质为基础，以项目、任务为载体，实现"教学做"一体化。

第五节　现代信息化技术与课程教学改革

一、研究信息化技术在教学中应用的必要性

在以往教学过程中学生对课程学习的参与度不高，很多学生缺乏学习的兴趣，甚至由于课程专业性强，学生在学习过程容易产生部分知识点没学会就直接放弃学习的现象。笔者通过对课程教学的不断思考，总结出在教学过程中常见的主要问题。

（一）现有教学方式不能满足学生的要求，易造成理论与实践脱节

虽然目前专任教师在教学过程中，充分发挥了现有设备的优势，采用了任务驱动教学模式，但由于在教学过程中教师一般先针对项目所涉及的理论知识点进行讲解，然后引导学生去分析任务，并进行任务的实施。这种教学方式容易导致学生对理论知识讲解缺乏兴趣，实践环节参与度较高的脱节问题。

（二）教学方法缺乏创新

现在教师的教学方法多以教师为主，学生被动地学习，导致在实践环节，学生遇到很多不同的问题，而这些问题在进行理论讲解时已经涉及，教师只能被动地重复地单独地讲解，浪费了大量的课堂学习时间以及影响了课堂的整体教学进度。因此需要进行教学模式的改革，使理论与实践相互融合，最重要的是调动学生的学习兴趣和参与学习的积极性。

（三）任务设计内容，无法满足企业的实际需求

以往的教学充分利用了学校实训设备的有限资源，开展以任务驱动模式下的教学改革。但由于"任务"设计得不合理无法摆脱理论教学脱离实践的枷锁，学生仍然无法提起兴趣。

本节提出不但要进行教学模式的改革，还要进行教学方法和教学手段的改革，将教

学内容"活跃起来"，这就需要创新性的教学手段辅助实施。随着互联网技术的发展，当前社会整体信息化程度不断加深，信息技术对教育的革命性影响也日趋明显，教育信息化正迎来重大历史发展机遇。积极进行信息化教学模式的改革，创设理想的教学与学习情境，利于知识的获取与保持；通过信息化教学发挥学生的主观能动性，培养其自主学习的能力；依托各种新型教育信息化手段，如微课、视频和慕课等教学模式，职教云、云班课、蓝墨云等教学平台，在一定程度上提高课堂教学质量和效率。

二、信息化技术在课程教学改革中的运用

（一）改革教学内容

根据对企业岗位的调研，分析企业的生产流程、相关岗位所应用的知识以及岗位技能要求，采用"项目化＋任务驱动"模式进行一体化教学，实现与企业实际生产需求相对接。在教学内容上，根据企业对相关技能人才的知识要求，由浅入深讲解相关知识点和工作原理；在实践技能操作方面，贴合岗位技能的同时，严格以企业的标准培养学生的实践操作技能，真正做到以工作过程为导向，教学和工作有机融合，实现"做中学"。

改革传统教学模式，推行"教学做"一体化的教学模式，教学实施流程主要采用"项目化＋任务驱动"模式教学，通过"项目（案例）分析—进行知识点简介—任务分配—学生分组讨论式学习—学生对设计结果进行自评和总结—每组学生代表提出问题—教师解决问题并对知识点进行讲解—学生协同完成任务—学生代表进行作品展示—依据综合评定标准教师进行评价"的过程进行教学实施，同时在教学过程中充分利用信息技术手段，采用视频、慕课、微课等教学资源，利用职教云、云班课和蓝墨云等教学平台，辅助对本课程内容的教学实施。同时注重使用视频演示、模拟操作和生产现场操作等多种教学手段，提升教学效果。

改革传统考核方式，采用"过程项目考核与创新设计考核相结合，知识点现场总结考核和技能操作考核相结合，能力目标和素质目标相结合"的考核方式，考核标准依据企业的生产作业标准和职业标准等对学生进行综合考核。运用信息化技术，如微信、蓝墨云、云班课等发布课后拓展训练任务和课后作业，实现巩固学生所学知识点和技能的提升。

（二）具体改革目标

采用信息化教学手段，激发学生的学习兴趣。因为兴趣是学生学习的最好动力，不仅可以吸引学生学习本课程的内容，还可以激发学生的创新意识，主动去查阅资料了解和学习相关的其他课程，扩展自己的知识面。

学院实训室的建立为项目化教学创造条件，通过实际动手设计能够激起学生的成就

感和求知欲望。

学生通过网络学习平台、微课、视频和动画等进行课前自主学习、课中辅助理解和课后巩固学习。

采用"项目化＋任务驱动"教学，教学过程中广泛使用了视频演示、模拟操作和生产现场操作等多种教学手段，提升教学效果，实现教学过程与企业实际生产过程相对接。

（三）改革中须解决的关键问题

研究如何在保证本课程实现项目化教学的前提下，运用信息化技术进行课程的整体教学设计和单元教学设计。实现课前、课中和课后学生学习的无缝对接，探析信息化技术对课堂教学带来的一系列变革，从而不同学科的信息化教学模式。

如何利用信息化技术来实现教学结构及教学设计是本课题研究的重点。如何将信息化教学手段灵活应用于教学过程达到预期效果是本课题研究的难点。

（四）具体改革方案和方法

课程内容开发方面：利用现有校企合作的条件，进行对企业岗位的调研，分析企业的现有生产流程、相关岗位所应用的知识以及岗位对技术人才技能的要求，实现教学内容与企业实际生产需求相对接。在教学内容上，注重知识的更新，是学生学习的内容适应企业的发展需求，并根据企业对相关技能人才的知识要求，由浅入深编排相关知识点和工作原理的讲解。在实践技能操作方面，了解企业对技能人才的要求标准，贴合企业岗位，严格以企业的标准培养学生的实践操作技能，真正做到以工作过程为导向，教学和工作有机融合，实现"做中学"。

教学设计方面：改革传统教学模式，推行"教学做"一体化的教学模式，主要采用"项目化＋任务驱动"模式教学，通过"项目（案例）分析—知识点简介—任务分配—学生分组讨论式学习—学生对设计结果进行自评和总结—每组学生代表提出问题—教师解决问题并对知识点进行讲解—学生协同完成任务—学生代表进行作品展示—依据综合评定标准教师进行评价"的过程进行教学实施。同时在教学过程中注重使用视频演示、模拟操作和生产现场操作等多种教学手段，提升教学效果。

教学实施方面：信息化教学模式的实施过程主要分为课前、课中、课后三个环节。

紧密联系实践进行教学是高等职业教育最明显的特征。本节深度分析了传统教学效果不佳的原因，提出引入项目驱动教学模式和现代信息化教学手段，逐步加强突出学生在学习过程中的主体地位，培养学生的学习兴趣，调动学生学习的积极性、主动性。教学内容围绕提高学生的学习技能和实际运用能力，促进学生学习过程中做到与其他学科间的相互渗透和联系，同时使学生的思维和想象力、协作和创新精神等综合素质得到发展。

参考文献

[1] 张琼. 以实践能力培养为取向的知识教学变革研究 [D]. 华中师范大学，2011.

[2] 潘懋元，周群英. 从高校分类的视角看应用型本科课程建设 [J]. 中国大学教学，2009，03：4-7.

[3] 查建中. 论"做中学"战略下的 CDIO 模式 [J]. 高等工程教育研究，2008，03：1-6+9.

[4] 陈波. 应用型本科院校教材建设的改革与发展 [J]. 高教学刊，2015，24：172-173.

[5] 陈明燕. 高校创新创业人才培养体系构建研究：以重庆邮电大学移通学院为例 [J]. 教育现代化，2018（9）：68-71.

[6] 李天英，李利军. 创新创业教育实质及课程体系建设与教法探究 [J]. 文化创新比较研究，2017（21）：71-74.

[7] 赵晓兵，赵光. 产教融合导向下应用型高校课程建设规划的思考 [J]. 保定学院学报，2019（5）：113-118.

[8] 李雪征. 基于"互联网＋教育"背景下应用型本科高校在线开放课程建设的思考与实践 [J]. 中国多媒体与网络教学学报（上旬刊），2019（6）：38-39.

[9] 蔡韧. 钢琴教学法的课程建设与应用研究 [J]. 教育与职业，2010（32）：143-145.

[10] 德雷克·博克. 回归大学之道：对美国大学本科教育的反思与展望 [M].2 版. 侯定凯，梁爽，陈琼琼，译. 上海：华东师范大学出版社，2012.

[11] 张会杰，张树永. 哈佛大学通识教育课程体系及其特点 [J]. 高教发展与评估，2013，29（2）：81-89，107.

[12] 高有华，王银芬. 当代德国大学课程改革研究 [J]. 煤炭高等教育，2009，27（5）：64-67.

[13] 黄福涛.90 年代德国高等教育的现状、问题和课程改革动向 [J]. 外国教育研究，1997（5）：26-31.

[14] 徐理勤. 德国应用科学大学（FH）的人才培养模式及其启示 [J]. 浙江科技学院学报，2005，17（4）：309-313.

[15] 邓晓卫，施庆生. 借鉴国外高校经验加快教学改革步伐 [J]. 中国大学教学，

2015（2）：93-96.

[16] 刘献君 . 大学课程建设的发展趋势 [J]. 高等教育研究，2014，35（2）：62-69.

[17] 葛文杰 . 以"质量和创新"为核心深化课程教学改革与建设 [J]. 中国大学教学，2013（7）：36-38.

[18] 魏小琳 . 后现代视野中的高校课程体系建设 [J]. 高等教育研究，2007，28（7）：90-94.

[19] 张微，黄伟九，曾英，等 . 教学型高校课程建设的探讨 [J]. 重庆工学院学报，2006，20（7）：168-170.

[20] 母小勇，薛红霞 . 后现代高校课程:回到人类活动的"原点"[J]. 高等教育研究，2004，25（4）：74-78.

[21] 雷建龙，冯雪妓 ."课内外一体化"工学结合教学改革的探索与实践：以《实用电子技术》课程为例 [J]. 武汉船舶职业技术学院学报，2012（4）：91-94，98.